Dados Internacionais de Catalogação na Publicação (CIP)
(Câmara Brasileira do Livro, SP, Brasil)

Cortella, Mario Sergio
  Não espere pelo epitáfio! ; provocações filosóficas / Mario Sergio Cortella. 16. ed. – Petrópolis, RJ : Vozes, 2014.

  7ª reimpressão, 2017.

  ISBN 978-85-326-3222-7
  1. Crônicas brasileiras 2. Filosofia 3. Jornalismo I. Título.

05-6124   CDD-070.44

Índices para catálogo sistemático:
1. Crônicas jornalísticas 070.44

Mario Sergio Cortella

Não
espere pelo
epitáfio!

provocações
filosóficas

VOZES
NOBILIS

© 2005, Editora Vozes Ltda.
Rua Frei Luís, 100
25689-900 Petrópolis, RJ
www.vozes.com.br
Brasil

Todos os direitos reservados. Nenhuma parte desta obra poderá ser reproduzida ou transmitida por qualquer forma e/ou quaisquer meios (eletrônico ou mecânico, incluindo fotocópia e gravação) ou arquivada em qualquer sistema ou banco de dados sem permissão escrita da editora.

CONSELHO EDITORIAL

Diretor
Gilberto Gonçalves Garcia

Editores
Aline dos Santos Carneiro
Edrian Josué Pasini
Marilac Loraine Oleniki
Welder Lancieri Marchini

Conselheiros
Francisco Morás
Ludovico Garmus
Teobaldo Heidemann
Volney J. Berkenbrock

Secretário executivo
João Batista Kreuch

Editoração: Maria da Conceição Borba de Sousa
Diagramação: Victor Mauricio Bello
Capa: Lilian Queiroz/2 estúdio gráfico

ISBN 978-85-326-3222-7

Editado conforme o novo acordo ortográfico.

Este livro foi composto e impresso pela Editora Vozes Ltda.

Sumário

Prefácio, 7

Não espere pelo epitáfio!, 11

O fim nunca está próximo, 15

Ouça um bom conselho..., 19

A obra intangível, 23

Cautela com a laborlatria..., 27

A lógica do tubarão, 31

Pois as coisas findas... 35

Assim passa a glória do mundo, 39

Comemorar o terror?, 43

Nosotros, 47

O mistério do simples, 51

A solidão do cais, 55

Panta rei?, 59

Refocilar é preciso!, 63

O demônio do escrúpulo, 67

Alto lá!, 71

Fio da meada, 75

Ilusionismos, 79

A inadiável decisão, 83

Inteligência artificial, 87

Fronteiras, negação da ideia de humanidade?, 91

Um passeio pelo obsceno, 95

Os meandros da razão, 99

Evas e pandoras: o feminino revisitado, 103

O belo e seus desafios, 107

O amor e suas razões, 111

A dor e suas faces, 115

A liberdade, uma obsessão, 119

A democracia, ferramenta da igualdade, 123

A morte, uma evidência recusada, 127

A verdade, uma conquista inevitável?, 131

Os que chegam com a noite..., 135

Prefácio

Ao longo da minha parceria de mais de 20 anos com o Mario Sergio Cortella, o homem, o companheiro, o pai, o amigo, o professor, o palestrante, ouço com muita frequência questões que variam em torno de uma insistente curiosidade: – Como ele é no dia a dia? – Como é conviver com ele? – Como é que ele é?

Curiosidade comum a quem toma contato e se encanta ou se intriga com sua vastíssima cultura letrada, o talento teatral, o imenso carisma e o inabalável bom humor. Sentimento igualmente compartilhado por quem lê seus artigos, o assiste na televisão, ou o ouve no rádio; frequenta suas aulas na PUC-SP, na FGV ou na FDC e também por aqueles que integram, Brasil afora, as plurais plateias de suas palestras, nas quais Mario Sergio aborda temas corporativos ou educacionais. Até os amigos me interrogam se ele é assim mesmo, irônico-humorado/erudito/implacável, em casa com a família, logo ao acordar ou quando está gripado.

Achei uma fantástica oportunidade de responder a essas perguntas quando ele resolve publicar este livro. Porque *Não espere pelo epitáfio! – Provocações filosóficas* é uma seleção de algumas das crônicas publicadas por ele na *Folha de S. Paulo*, entre 1994 e 2004, às vezes na Folha Ilustrada, em outras no Caderno Equilíbrio.

Mas nem de longe é apenas isto.

Não espere pelo epitáfio! são pensatas que, simultaneamente, provocam a curiosidade e explicam questionamentos comuns ao humano contemporâneo, recontando algumas histórias do mundo, traduzindo as indagações de um autêntico filósofo. E o Mario Sergio Cortella tem ainda a notável característica de, invariavelmente, citar as fontes de suas inquietações. Logo, leva o leitor a perscrutar muitos outros autores.

São provocações filosóficas e reflexivas, escritas esporadicamente, maturadas pela idade do autor, enquanto sua vida corria, havia contas a pagar, filhos a criar, carreira a construir, cidade e país a participar.

Cada texto que compõe este livro é atual, tendo sido concebido ao longo de uma década. Tal qual acontece com os registros platônicos, aristotélicos ou cartesianos.

O bacana é que o autor não se entregou ao ócio, não parou a vida para escrevê-lo, não se dedicou freneticamente às pesquisas dirigidas, nem montou uma equipe de especialistas para auxiliá-lo. Não criou personagens, tramas, enredos. Ao contrário.

Usou a mesma matéria-prima dos primeiros, eternos e puros pensadores: a sensibilidade e a vida. E o que se faz dela.

Não espere pelo epitáfio! revela, portanto, como é que é cabeça de filósofo.

No caso do Mario Sergio Cortella, segundo gostava de salientar o grande mestre Paulo Freire: – Um dos poucos filósofos brasileiros que pensa o novo.

Mario Sergio Cortella de fato pensa o novo, mesclando razão e emoção, usando poesia, música, escultura, pintura, grafite, toda forma de arte, sem risco ou temor de ser piegas ou inconveniente. Provoca gentil e deliciosamente o leitor, aguça-lhe os sentidos, em especial a curiosidade, sem empáfia ou exibicionismo. Sem aqueles ares de "filósofo cabeça".

Com tranquilidade mescla os Titãs da mitologia grega e o grupo de rock homônimo, para alertar ao leitor a não se arrepender do que não fez. Lança mão dos versos de Catulo da Paixão Cearense enquanto evoca o escritor francês Émile Zola, para desobstrair "O Belo". Passeia por Goethe, Marie Von Ebner-Eschenbac, Drummond, Maurício Tapajós, Renoir, a fim de tecer suas reflexões sem cerimônia, sem pré-conceito.

Poesia e teorema em harmonia didática.

Descreve um texto escorreito, adquirido, creio, ao longo de 30 anos de docência, pois em cada pensata há nitidamente reveladas a paciência histórica, a pedagógica e a afetiva.

Como é que ele é? *Não espere pelo epitáfio!* atiça desejos de refletir sobre como é que a vida é?

Por que é que ela é?

Quanto ao Mario Sergio Cortella? Ora, um homem é o que suas ideias são. Sim, se ele as pratica.

Ele é assim mesmo: irônico-humorado, erudito e um "neopensante" contumaz.

Cheio de manhas e manias, como todo ser humano.

Janete Leão Ferraz
Inverno/2005

Não espere pelo epitáfio!

Há uma frase que é sempre proferida – quase beirando um chavão – quando em determinadas circunstâncias deseja-se cobrar de alguém uma postura direta, uma posição explícita ou, até, uma atitude clara: Deus vomitará os mornos! Essa ameaça vale também quando se quer amedrontar aqueles ou aquelas que seguem pela vida afora sem nunca aproximar-se minimamente dos extremos, ficando sempre no ansiado ou proclamado como seguro "caminho do meio", evitando-se, assim, qualquer risco de transbordamento ou ruptura da prudência.

Deus vomitará os mornos! Está lá no Apocalipse (último livro da Bíblia dos cristãos), capítulo 3, versículos 15 e 16: "Conheço tuas obras: não és frio nem quente. Oxalá fosses frio ou quente! Mas, porque és morno, nem frio nem quente, estou para vomitar-te de minha boca".

Essa admoestação colide frontalmente com um dos pilares da moral greco-romana desde a Antiguidade e que impregna com intensidade a moral do cotidiano: a virtude está no meio. Tal princípio, nascido como teoria completa no século 4 a.C., a partir da obra *Ética a Nicômaco*, de Aristóteles, anuncia, três séculos após, um ideal de moderação e uma referência de tranquilidade expressos por um relato da mitologia trazido nas Metamorfoses do poeta latino Ovídio. Conta ele que Hélios (o Sol) tivera um filho, Faêton, com Climene, mas não acolheu a criança; quando Faêton cresceu, foi em busca do reconhecimento do pai que, tendo-o aceito, ofereceu como presente qualquer coisa que o rapaz desejasse. O pedido do jovem foi poder guiar o carro de Hélios, que antes o advertiu com a obrigação de manter-se equidistante do céu e da terra, dizendo-lhe que "pelo meio irás com a máxima segurança"; como o filho não o atendeu, desequilibrando e desviando o Sol, Zeus interveio e liquidou Faêton com um raio.

Ora, há dezenas de mitos, fábulas e histórias com a finalidade de exaltar a exclusividade e preferência do caminho do meio; o que não se deve esquecer é que esse caminho pode também ser o da mediocridade. Em nome da sobriedade, da prudência e do comedimento, o máximo que se obtém em muitas situações é a mornidade mediana, regrada e constantemente refreada.

Nesse sentido, para não ser morno, é preciso ser radical. Cuidado! Em nosso vocabulário usual é feita uma oportunista confusão entre radical e sectário. Radical é aquele – como lembra a origem etimológica – que se firma nas raízes, isto é, que não tem convicções superficiais, meramente epidérmicas; radical é alguém que procura solidez nas posturas e decisões tomadas, não repousando na indefinição dissimulada e nas certezas medíocres. Por sua vez, o sectário é o que é parcial, intransigente, faccioso, ou seja, aquele que não é capaz de romper com seus próprios contornos e dirigir o olhar para outras possibilidades.

É preciso ter limites, mas, estará o limite exatamente no meio? Não é necessário ir até os extremos, mas é essencial não ficar restrito ao confortável e letárgico centro; muitas vezes o meio pode ficar anódino, inodoro, insípido e incolor. Alguns desses desejos de romper fronteiras mornas só aparecem nos epitáfios, sempre em forma nostálgica e lamentadora de um "eu devia ter..." Para além da mitologia grega, não é por acaso que outros titãs têm sido tão festejados quando cantam de forma deliciosa e perturbadora (e muitos com eles): "Devia ter amado mais, ter chorado mais, ter visto o sol nascer; devia ter arriscado mais e até errado mais, ter feito o que eu queria fazer"...

A sabedoria para equilibrar essas inquietações pode ser encontrada na reflexão feita no século 5 a.C. pelo filósofo chinês Confúcio: "Eu sei por que motivo o meio-termo não é seguido: o homem inteligente ultrapassa-o, o imbecil fica aquém".

Radicalidade é uma virtude; o vício está na superficialidade.

O fim nunca está próximo

Dez, nove, oito, sete... E, aí vem a contagem regressiva que nos remete aos recomeços e ao nosso persistente fascínio pela gestação daquilo que poderia ou poderá ser diferente.

Adoramos a ideia de ciclos, períodos, ou épocas que se encerram; essas ocasiões nos permitem imaginar que uma etapa pode ser terminada e, supostamente, nos oferecer a chance de começar de novo, de um outro jeito, de novas formas, com inéditos vigores e renovadas intenções. Nossa obsessão pelos insistentes fins e recomeços fica ainda mais aguda quando nos remetemos aos anos, por serem estes os tijolos que compõem décadas, séculos e milênios, descortinando uma atração pelo mistério matemático que nos envolve na aura do misticismo impregnador dos sonhos dos reinícios.

Todo esse misticismo em torno dos aparentes términos está profundamente entranhado nas sociedades que estruturaram um sistema decimal de numeração para a contagem do tempo, especialmente quando escolheram as datas terminadas em 10 ou múltiplas de 10 como sendo as mais marcantes. Por que isso? Por que o 10 e seus múltiplos dão a ideia de "ciclo terminal completo". São esses os algarismos que aprendemos primeiro, para depois compor os outros; em algumas brincadeiras infantis (como o pega-pega ou esconde-esconde), conta-se até 10 antes de sair correndo; dividimos o tempo em décadas e, ao juntar 10 delas, formamos um século que, multiplicado por 10, compõe um milênio.

Falamos em planos decenais, na prestação de contas necessária nos primeiros 100 dias de um governo, atribuímos nota 10 ao que parece ótimo e, como sempre, fazemos a contagem regressiva a partir do 10 até para marcar o ápice do *réveillon*. Também o 10 x 10 x 10 era, desde o passado, um número do exagero, para mostrar como algo era grande demais; assim, por exemplo, ainda hoje dizemos "já te falei 1.000 vezes para não fazer isso!", "você já prometeu 1.000 vezes que agora iria mudar de vida".

Queremos vencer os finais e reinventálos de maneira incessante. Por isso, temos muita dificuldade em aceitar o aprisionamento temporal quase fatalista proposto pelo alemão Schiller – autor da *Ode à alegria*, utilizado por Beethoven no último movimento da insuperável *Nona Sinfonia* – que há 200 anos afirmou: "Três aspectos tem a marcha do tempo: o futuro aproxima-se hesitante, o agora voa como seta arremessada, o passado fica eternamente imóvel". Nesta hora, o prenúncio antropocêntrico sugerido por Shakespeare nos domina e assumimos um pouco a tarefa de Hamlet, pronunciada no Ato I, e que usa a ideia de tempo de forma propositadamente ambígua: "Como andam os tempos fora dos eixos! Ó maldita vexação, ter eu nascido para dar-lhes correção!"

Quem realmente ganha com essa repercussão e celebração das datas? Todos podemos ganhar, se ela for vivida com responsabilidade saudável e afetividade sincera. Há aqueles que procurarão obter vantagens inescrupulosas com os temores religiosos, explorando a fragilidade de nossas angústias e fraqueza; contra esses "vampiros de almas" só funciona o aparato judicial e a religiosidade esclarecida e não alienante.

O lado mais positivo disso tudo é a comemoração e o revigorar da esperança; comemorar significa "memorar junto", lembrar com outros. Nós, humanas e humanos, gostamos demais de festejar, porque essa é a possibilidade de nos alegrarmos e nos encontrarmos, de maneira livre e lúdica e, portanto, qualquer motivo é um bom motivo, mesmo quando não é uma data tão "redonda".

O que estaremos lembrando? Estarmos vivos e juntos, mesmo que algo pareça estar terminando e nunca haver a certeza absoluta de que seja invencível o renascer. Não importa; fazemos com que assim seja e queremos que não deixe de ser assim.

Ouça um bom conselho...

Uma das formas mais comuns e contraditórias de se buscar transmitir experiência e proferir conselhos conclusivos a partir de uma vivência presumidamente autorizada e consistente é aquela expressa nas máximas e aforismos. Todos, desde pequenos, ouvimos dos mais idosos do que nós, independentemente da faixa etária, muitos provérbios e sentenças presentes nas fábulas, nos livros religiosos ou, até, nos parachoques de caminhões; passamos a vida em contato com ditados e definições. Que carregam um conceito moral ou de conduta e cuja finalidade central, ao serem expressos, é ensinar ou advertir, seja pela sabedoria acumulada ou, especialmente, pela carga de repreensão e impacto contidos.

Há uma forte suposição por trás do ensinamento ou admoestação apoiados nas máximas: a eficácia da transmissão de uma experiência alheia já testada, degustada e corroborada, estando, assim, próxima do indiscutível; caberia ao presenteado com o conselho proverbial apenas aquiescer e seguir obsequiosamente, louvando a sabedoria milenar à qual foi apresentado e salvo de ter de dolorosamente provar por si mesmo.

Para evitar um dogmatismo que, muitas vezes, cumpre uma função doutrinadora e indutora de fragilidade mental, é preciso ir colocando incômodos pontos de interrogação ao final de muitas das máximas. De fato, quem espera sempre alcança? A pressa é inimiga da perfeição? A vingança tarda, mas não falha? Cada um sabe onde aperta o sapato? Deus ajuda quem cedo madruga? O silêncio é de ouro? Quem não deve não teme? Vaso ruim nunca quebra? Cão que ladra não morde? Tal pai, tal filho? Quem viver verá? O hábito faz o monge? Quem parte e reparte fica com a melhor parte? Perdido por um, perdido por cem? Duvidemos um pouco...

Impossível transferir experiências! Daí, inclusive, a fraqueza contida nas boas intenções das frases que se iniciam comum"eu, se fosse você...", ou "olha, no seu lugar eu faria..." ou, ainda, "se eu estivesse na sua situação..." É por isso que o dramaturgo espanhol Jacinto Benavente – não por acaso um especial usuário das ideias de Freud no teatro e na literatura da Espanha das décadas iniciais do século 20 – foi tão enfático ao dizer que "ninguém aprende a viver pela experiência alheia; a vida seria ainda mais triste se, ao começarmos a viver, já soubéssemos que viveríamos apenas para renovar a dor dos que viveram antes".

Ademais, o mundo dos provérbios na literatura foi majoritariamente um domínio masculino, na convicção de que tais verdades são fruto de uma reflexão e vivência sobre as quais as mulheres teriam um alcance limitado. Se "lugar de mulher é na cozinha" e "cada macaco no seu galho", a produção de máximas ou sentenças foi quase sempre privilégio de escritores ou políticos; raríssimas foram as mulheres que se arvoraram a adentrar em um terreno que se supôs fora das fronteiras da vacuidade ou indigência cruelmente atribuídas à mente feminina.

Uma das raras audaciosas a publicar um livro com aforismos foi a austríaca Marie Von Ebner-Eschenbac, pertencente à nobreza do século 19 (e, por isso, com obras de cunho social censuradas pelo governo do Imperador Francisco José). Essa mulher, a primeira na história a receber um doutorado "honoris causa" da Universidade de Viena, em 1900, teve reconhecida sua capacidade em um ambiente homocêntrico e não perdeu a chance de dizer que "ter experimentado muitas coisas ainda não quer dizer que se tem experiência".

Alguns, em nome da profusão de coisas sofregamente vividas, são reféns de muitas e exageradas certezas! Mais vale um pássaro na mão do que dois voando? Melhor ficar livre, leve e solto com o iluminado Mário Quintana que no seu *Poeminha do contra* ensinou: "Todos esses que aí estão / atravancando meu caminho, / eles passarão... / eu passarinho!"

A obra intangível

Uma das mais saborosas histórias – provavelmente lendária – sobre o advento da sabedoria para aqueles que conseguem maturar, sem sofreguidão, a experiência de vida, é a que se conta a respeito do notável pintor francês Auguste Renoir. No ano em que se iniciava o século 20, ele, já sexagenário e bastante afamado pela vitalidade que deu ao Impressionismo, foi procurado por um jovem admirador interessado em aprender as artes do desenho. Porém, alegando um tempo escasso para tal empreitada, o apressado discípulo desejava saber quanto tempo duraria o aprendizado, pois ficara animado ao ver que o grande mestre fora capaz de fazer uma bela pintura com delgadas pinceladas, mas com uma rapidez assombrosa.

É nesse instante que a resposta de alguém que é um sábio consistente ultrapassa o senso comum e o óbvio, gerando o novo (em vez de produzir mera novidade, como muitos hoje súbita e debilmente famosos). Diz Renoir: "Fiz este desenho em 5 minutos, mas demorei 60 anos para consegui-lo".

Estupendo! E faz emergir uma grande questão: Como avaliar em um trabalho ou obra todo o intangível percurso e experiência anterior que foram necessários para que o resultado tangível possa ser recompensado, remunerado, apreciado? Quanto vale o trabalho de um artesão, uma cozinheira, um mecânico, um médico, uma professora, um palestrante, uma cientista, uma jornalista, um músico etc.? Quanto vale um pequeno texto? Uma consulta médica com duração de vinte minutos? Uma palestra? Uma aula? Um aperto veloz em alguns parafusos? Uma rápida massagem? Um cavalinho artesanal feito de barro? Um cesto indígena? Uma camisa bem-passada? Uma consulta jurídica pelo telefone?

O critério com o qual costumamos atribuir valor ao objeto ou serviço que será adquirido ou apreciado está apoiado especialmente na observação do tempo consumido para realizá-lo ou na suposta dificuldade momentânea de elaboração; no entanto, para escapar de uma postura superficial é necessário lançar mão de um outro critério: a percepção do peso da raridade, do insólito, do invulgar ou, tal como se fala cada vez mais, da expertise e perícia de alguém em alguma atividade.

Há uma antiga historinha, por muitos difundida, e que serve para exemplificar o valor de uma intensa habilidade, e o quanto nem sempre ela é reconhecida.

Conta-se que em uma imensa fábrica nos Estados Unidos, funcionando o tempo todo por 24 horas ininterruptas, plena de mecanismos sofisticados, máquinas avançadas e equipamentos hidráulicos de última geração, ocorreu uma pane desconhecida. De pronto, sem qualquer aviso, todo o sistema ficou paralisado. Ora, cada minuto era precioso, tendo em vista a perda acelerada de dólares que a parada causava. A engenharia de manutenção e o suporte técnico foram imediatamente chamados, os especialistas examinaram todas as estruturas possíveis, os relatórios informatizados e as planilhas de operação foram vasculhados e, nada... O defeito não era localizado.

Passa-se um dia, dois e, no terceiro, com a direção já desesperada, prefere-se convocar dois técnicos do Japão que, um dia após a chegada e a inspeção, já tinham desistido. No sexto dia, tarde da noite, reúne-se a desanimada diretoria, à beira do colapso criativo e próxima de buscar soluções esotéricas para sanar o imenso prejuízo acumulado; num determinado momento um dos diretores diz: "Lembrei-me de uma coisa! Há um velho encanador que trabalha há mais de 50 anos nesta cidade. Quem sabe, como recurso extremo, ele nos ajuda". Sem alternativa, chamam o antigo profissional, que, com sua maletinha de ferro já desgastada, caminha silencioso por toda a fábrica e, de repente, perto da área central, para, abaixa-se, coloca o ouvido no piso e dá um leve sorriso. Tira, então, da maleta um martelo de borracha e, com ele, dá uma pancada no chão. Tudo volta a funcionar. Júbilo, alegria, vivas.

O gerente financeiro, depois de abraçar efusivamente o encanador, pergunta pelo custo do serviço; ele responde que são mil dólares. O gerente, atordoado, retruca: "Mil dólares por uma marteladinha? Não dá; não vão aceitar. Faça, por favor, uma nota fiscal detalhando todo o seu trabalho aqui". O velhinho não se incomoda; preenche o documento e o entrega ao gerente, que lê a discriminação: "a) dar a marteladinha, 1 dólar; b) saber onde dar a marteladinha, 999 dólares".

Cautela com a laborlatria...

Uma das boas memórias de quem já teve o prazer de mergulhar na produção satírica de Mark Twain – pseudônimo do escritor norte-americano do final do século 19, Samuel Langhorne Clemens – é, sem dúvida, a narrativa da cerca a ser forçadamente pintada pelo menino na obra-prima *As aventuras de Tom Sawyer*. Em um dia de sol inclemente, à beira do Rio Mississípi, quando tudo chamava para a brincadeira e o lazer descompromissado, eis que surge a convocação compulsória para o trabalho e não há alternativa que o garoto possa encontrar, a não ser tornar todo aquele fardo algo com um dissimulado ar prazeroso e, mais ainda, convocar e convencer a outros que deveriam ajudá-lo com satisfação.

Em um determinado momento, procurando livrar-se da atividade e, até, ganhar algum dinheiro com aquilo que desejava que outros fizessem em seu lugar, aparece o argumento de que "trabalho é tudo aquilo que uma pessoa é obrigada a fazer... Passatempo é tudo aquilo que uma pessoa não é obrigada a fazer".

Pouco mais de um século após, um compatriota de Twain, o cartunista Bob Thaves, desenhou uma de suas instigantes tirinhas que tem como personagens Frank e Ernest, os desleixados e eventualmente oportunistas representantes do "homem comum" do mundo contemporâneo urbano; nesse quadrinho, Ernest, preocupado, pergunta a Frank: "Nós somos vagabundos? "Frank, resoluto, responde: "Não, nós não somos vagabundos. Vagabundo é quem não tem o que fazer; nós temos, só não o fazemos..."

Essa visão colide frontalmente com um dos esteios de uma sociedade que, na história, acabou por fortalecer uma obsessão laboral que, às vezes, beira a histeria produtivista e o trabalho insano e incessante. Desde as primevas fontes culturais da sociedade ocidental, como por exemplo vários dos escritos judaico-cristãos, há uma condenação cabal do ócio e do não envolvimento com a labuta incessante; no Sirácida, um dos livros da Bíblia (também chamado Eclesiástico), há uma advertência: "Lança-o no trabalho, para que não fique ocioso, pois a ociosidade ensina muitas coisas perniciosas" (33,28-29).

Já ouviu dizer que o ócio é a mãe do pecado? Ou que o demônio sempre arruma ofício para quem está com as mãos desocupadas? Ou, ainda, que cabeça vazia é oficina do diabo?

Essa não é uma perspectiva exclusiva do mundo religioso. Voltaire, um dos grandes pensadores iluministas e hóspede eventual da prisão na Bastilha dos começos do século 18 por seus artigos contra governantes e clérigos, escreveu em *Cândido* que "o trabalho afasta de nós três grandes males: o tédio, o vício e a necessidade".

Ou, como registrou Anatole France, conterrâneo e herdeiro, no século seguinte, da mordacidade voltairiana: "O trabalho é bom para o homem. Distrai-o da própria vida, desvia-o da visão assustadora de si mesmo; impede-o de olhar esse outro que é ele e que lhe torna a solidão horrível. É um santo remédio para a ética e a estética. O trabalho tem mais isso de excelente: distrai nossa vaidade, engana nossa falta de poder e faz-nos sentir a esperança de um bom acontecimento".

Não é por acaso que Paul Lafargue, um franco--cubano casado com Laura, filha de Karl Marx, e fundador do Partido Operário Francês, foi pouco compreendido na ironia contida em alguns de seus escritos. Em 1883, quando todo o movimento social reivindicava tenazmente o direito ao trabalho, isto é, o término de qualquer forma de desocupação, o genro de Marx publicou *Direito à preguiça*, uma desnorteante e – só na aparência – paradoxal análise sobre a alienação e exploração humana no sistema capitalista.

Nessas horas é sempre bom reviver Rubem Braga em *O conde e o passarinho* que, ao falar sobre o Dia do Trabalho, escreveu: "A ordem foi mantida. Os operários não permitiram que a polícia praticasse nenhum distúrbio".

A lógica do tubarão

Todas as vezes em que se fala sobre a incrível capacidade humana de dominar a natureza – com os elogios de praxe à nossa inventividade e poderio e, mais ainda, o orgulho de uma racionalidade que se aproxima da petulância – Benauro Roberto de Oliveira, um paulista estudioso da história natural e social, conta e reconta em suas competentes e concorridas aulas uma das lendárias manifestações que cercam a personalidade de Jacques-Yves Cousteau, o francês que se tornou o maior dos oceanógrafos do século 20.

Dizem que um jovem jornalista entrevistava Cousteau sobre o nosso temor aos tubarões e desejava saber quais as chances de um de nós escapar no enfrentamento direto com um desses estupendos animais. O cientista respondeu que as probabilidades de sair ileso eram nulas. O jornalista não se satisfez e perguntou, em sequência, se o tubarão atacaria se já estivesse alimentado, se fosse de noite, se estivéssemos numa jaula, se fôssemos muitos, se carregássemos um arpão, se entregássemos alguma isca etc.; a cada pergunta, a resposta de Cousteau era a mesma: o bicho atacará de qualquer modo. Irritado, o jovem bradou: mas isso não tem lógica! Com paciência, o genial pesquisador dos mares retrucou: Tem sim, mas é a lógica do tubarão...

É preciso lembrar insistentemente a sabedoria emanada dos muitos modos como a vida se expressa no planeta no qual habitamos (e que muitos preferem chamar de "nosso" planeta, com uma dissimulada satisfação de dono): não somos proprietários, e sim usuários compartilhantes. Podemos, em alguns momentos da nossa história, imaginar que controlamos, dominamos e possuímos sem restrições tudo que nesta terra está, com uma ilusão fugaz de invulnerável soberania.

Basta indagar: Quais foram, na percepção humana, os animais mais espetaculares e poderosos deste planeta antes de nós? Os dinossauros! Tiveram hegemonia e vigor exuberante por mais de 110 milhões de anos e desapareceram há mais de 60 milhões de anos antes de aparecer qualquer dos ancestrais mais próximos dos hominídeos. Cento e dez milhões de anos de poderio! No entanto, onde estão hoje esses possantes seres? No tanque do teu carro; no material que faz o carpete sob a tua cadeira; na tinta que imprime o jornal que lês, na tampa da garrafa d'água que seguras; na frágil e banal bolinha de pinguepongue. Viraram combustível fóssil e matéria-prima! E nós, dominando há apenas 40.000 anos, achamos poder fazer qualquer coisa... Degradar o ambiente, esgotar os recursos, conspurcar a atmosfera, corromper a vitalidade, depravar a convivência biológica, aviltar o equilíbrio natural.

Alexander Pope, o mais importante poeta inglês do século 18 (e autor de tradução em verso da *Ilíada* e da *Odisseia*), escreveu em 1734 o *Ensaio* sobre o homem e nele nos adverte contra a arrogância antropocêntrica: Tudo que é natureza, é arte que desconheces; / Tudo que é acaso é direcionamento que não podes ver; / Tudo que é discordância é harmonia não compreendida; / Tudo que é mal parcial, é bem universal.

E se, em um pesadelo (infantil?) inspirado no romance *A metamorfose*, de Franz Kafka – no qual um homem acorda um dia transformado em um descomunal inseto –, invertermos a lógica do escritor, e um de nós for visitado pelos insetos que proporcionalmente cabem a cada uma das pessoas no planeta? A ciência calcula que, para cada ser humano na Terra, existem 7 bilhões de insetos! Imaginemos, mesmo em delírio reflexivo, se só os que te "pertencem" viessem te procurar dizendo: Qual é? O que estão fazendo com o lugar que partilhamos? Basta de insultar o nosso abrigo comum e arriscar a proteção da simbiose!

Não tem lógica?

Pois as coisas findas...

Em uma época em que a televisão ainda não estava presente em inúmeras cidades pelo nosso país afora, a grande e quase única diversão especial infantil e juvenil durante as férias de inverno era o cinema. Aqueles que tivemos de viver e pudemos fruir as obrigações ausentes naquelas circunstâncias, seja em função de uma idade mais avançada hoje, seja pelo lugar em que vivíamos nos anos 1960, ficamos, claro, com muitas imagens nas nossas "retinas tão fatigadas". Grandes salas, grandes telas, grandes expectativas, grandes memórias.

Há algumas décadas, por exemplo, encarnávamos com perfeição a ansiedade pelo término das aulas no meio do ano letivo e, também, vivíamos a esperança de que as "grandes atrações" – que começáramos a chamar de filmes, substituindo a palavra fita usada pelos adultos – não deixassem de chegar logo, antes que acabassem os folguedos (outra deliciosa palavra antiga!). Uma das recorrentes atrações era o inesquecível desenho longa-metragem Fantasia, de Walt Disney; produzido em 1940, passou a reencantar anualmente nossas vidas. Afinal, é uma animação que apresentou a muitos de nós, nos capturando pelo restante da existência, a beleza profunda de músicas realmente clássicas, como as de Bach, Tchaikovsky, Dukas (menos conhecido, mas o mais lembrado pelas cenas do Mickey como Aprendiz de Feiticeiro), Stravinsky, Beethoven, Mussorgsky, Schubert e, pelo meio, o Amilcare Ponchielli. Esse italiano compôs em 1876 a ópera *La Gioconda* e jamais deve ter imaginado que dela um dia se usaria a Dança das Horas para seduzir nossas lembranças com os impossíveis e graciosos movimentos de balé feitos por hipopótamos, elefantes, avestruzes e jacarés...

Com o final do recesso, e o encerramento das exibições da linda Fantasia – no duplo sentido, restava-nos esperar que o ano viesse logo a terminar. As férias de final de ano – do começo de dezembro até o final de fevereiro – eram mais longas, demoravam agradavelmente para passar (sendo que, agora, até a semana passa rápido demais); por isso, comum calendário estirado, também os dias ficavam mais elásticos, com uma busca vagarosa e preguiçosa de preenchimento. Só nas longas férias de verão é que conseguíamos compreender aquilo que é exclusividade da infância: a imensa e perturbadora consciência contraditória de que, embora se queira tudo para já, há um tempo para tudo na vida.

Tempo para tudo! Nas Escrituras hebraicas está o Livro do Eclesiastes, incorporado pelo cristianismo em sua Bíblia; esse texto tem uma segunda parte muito conhecida e que vai diretamente contra as vaidosas temporalidades humanas, especialmente na nossa incompreensão sobre o efêmero e o duradouro, sobre a relação entre o passageiro e o infinito. No capítulo 3 do livro religioso, do versículo 1 até o 8, são apresentadas 14 das oposições que estão sempre presentes como conteúdo da vida humana e que vale reproduzir na totalidade.

"Para tudo há momento, e tempo para cada coisa sob o céu: tempo de dar à luz e tempo de morrer; tempo de plantar e tempo de arrancar o que se plantou; tempo de matar e tempo de curar; tempo de solapar e tempo de construir; tempo de chorar e tempo de rir; tempo de lamentar e tempo de dançar; tempo de atirar pedras e tempo de juntar pedras;

tempo de abraçar e tempo de evitar o abraço; tempo de procurar e tempo de perder; tempo de guardar e tempo de jogar fora; tempo de rasgar e tempo de costurar; tempo de calar e tempo de falar; tempo de amar e tempo de odiar; tempo de guerra e tempo de paz."

Dança das horas! É o duradouro dentro do efêmero. Por isso, ainda bem que continua existindo o eterno de Carlos Drummond de Andrade, expresso no poema *Memória*: "Pois as coisas findas, muito mais que lindas, estas ficarão".

Assim passa a glória do mundo

Sic transit gloria mundi! Poucos não terão até hoje ouvido ou lido em algum lugar esta sentença verdadeira e terrível pela própria veracidade. A expressão tem seu uso mais comum para ressaltar a nossa efêmera existência, mas resulta de um ritual bastante utilizado na coroação de papas: diante do recém-eleito, o mestre de cerimônias coloca um pedaço de estopa ao qual se ateia fogo; enquanto as palavras são pronunciadas, o pano é rapidamente consumido pelas chamas.

Poder e glória, quando assumidos com empáfia ou insolência, quando sinais de soberba e petulância egoísta são, de fato, passageiros. Uma glória assim é pura fantasia ou simples quimera. Essa palavra tem origem no grego *khimaira* – que significa mais exatamente cabra –, mas que entrou para nossos vocabulários como sinônimo de ilusão ou coisa inexistente, pois na mitologia indica um animal monstruoso (corpo de cabra, cabeça de leão e cauda de cobra), filha de Tífon, um monstro terrível metade humano, e de Équidna, um outro monstro – metade mulher, metade serpente; ambos descendentes de Gaia, a Terra. Desse modo, a glória e o poder carregados de vaidade são devoradoras quimeras.

É curioso como até o nosso calendário, agora chamado de comum ou gregoriano (por ter sido reorganizado pelo Papa Gregório XIII em 1582), é afetado pela arrogância daqueles que pretendem garantir fugazmente a imortalidade e se apegam à "glória do mundo". Até o século 8 a.C. o ano do mundo romano da Antiguidade – do qual herdamos essas medidas – tinha apenas dez meses e se iniciava em 1º de março (*martius*), depois vinha *aprilis*, *maius*, *iunius* e, a partir daí, foram usados numerais (de 5 a 10) para denominar os meses seguintes (*quinctilis*, *sextilis*, *september*, *october*, *november* e *december*).No século seguinte, para acertar mais a fixação da contagem com o tempo de duração da volta da Terra em torno do Sol, os romanos introduziram mais dois meses (*januarius* e *februarius*) que ficaram para o final; só no século 1 a.C. o ditador Júlio César fez nova reordenação, passando janeiro e fevereiro para o início e mantendo doze meses (o que confunde até agora muitos que não entendem por que chamamos de sete/mbro ao mês que numeramos com nove, ou a dez/embro como aquele que é o doze).

No entanto, como Júlio César, nascido no mês *quinctilis*, foi assassinado, Marco Antônio, general romano e seguidor daquele, por compor o Segundo Triunvirato (junto com Otávio e Lépido), decidiu homenagear o líder e trocou o nome do antigo quinto mês para *julius*, mantendo os 31 dias que este comportava. Porém, a luta pelo poder veio à tona, e, a pretexto de proteger a honra familiar ofendida (pois Marco Antônio abandonara o antes conveniente casamento com Otávia, irmã de Otávio, e desposara Cleópatra, firmando-se como senhor do mundo oriental), a guerra foi declarada e, vencido, Antônio cometeu suicídio.

A mexida no calendário e no império não acaba aí, claro. Com a destituição de Lépido e, depois, a derrota de Marco Antônio, o outrora Otávio (também chamado Otaviano) em janeiro de 31 a.C. recebeu do Senado o título de Augusto, e, mais adiante, foi sagrado como o primeiro imperador de Roma e, por fim, Grande Pontífice. O imperador entendeu não ser adequado para alguém "do porte dele" não ser também homenageado com um nome no ano e não teve dúvidas em alterar o sexto mês, antigo *sextilis*, para *augustus*, criando o nosso atual agosto. Mas, não ficou contente; *sextilis*, seguindo a lógica de alternância dos meses com 30/31 dias (exceto fevereiro, pela sua posição mais anterior de último do ano, quando se fazia o acerto final da translação), sucedia a *julius* (grande, nos seus 31) e, desse modo, tinha duração de 30 dias. Sem problema; a lógica foi quebrada e ordenou que "seu" mês não fosse inferiorizado e passasse a ter, também, 31 dias.

Quase ninguém mais liga agosto ao outrora Augusto e, menos ainda, lembra que julho/agosto são os únicos consecutivos com o mesmo número de dias em memória do poderoso imperador. Os meses passam, o tempo com ele e, afinal, como sabiamente escreveu o mineiro Ari Barroso há pouco mais de meio século na perene canção *Risque*, "creia, toda quimera se esfuma, como a brancura da espuma que se desmancha na areia..."

Comemorar o terror?

Memorável! É assim que se denomina alguém ou algo digno de ser lembrado. No entanto, fica mais difícil estabelecer o que, realmente, pode ser compreendido como digno; o conceito de digno é, de forma geral, aplicado às pessoas ou aos fatos impregnados de méritos ou decência, a ponto de merecerem registro mais permanente na nossa memória. Há também fatos que são memoráveis por serem célebres, isto é, inesquecíveis; desses precisamos recordar com persistência, ou seja, comemorar.

A palavra comemorar remete quase sempre ao verbo festejar; entretanto, comemorar significa memorar com outros, ou, em outras palavras, lembrar junto, o que não implica ser, com exclusividade, uma recordação festiva. Pode-se comemorar uma tragédia, uma morte, uma situação traumática; uma missa de "sétimo dia", uma visita anual aos escombros restantes de uma cidade bombardeada, uma cerimônia de colocação de flores no "túmulo do soldado desconhecido", são formas de comemoração tanto quanto um brinde ao aniversário de alguém, uma solenidade em homenagem ao centenário de um poeta, a folia para alegrar-se com um título conquistado etc.

Desse modo, é necessário, por estranho que pareça, comemorar também o terror. Comemorar para repelir a repetição futura; recordar para negar a reincidência; rememorar para afastar a miséria espiritual!

É fundamental para a trajetória humana que possamos lamentar a fragmentação da fraternidade e a vitória circunstancial do pavor. A sensação de um medo continuado e inesperado que invade muitos homens e mulheres pelo planeta afora literalmente aterroriza as suas existências e bloqueia a possibilidade de partilharem momentos de paz. A condição imposta pelo terror, seja ele em qual formato vier, é assemelhada a uma descrição feita por vários portadores de "síndrome de pânico", angustiante patologia muito presente em nossos tempos; alguns de seus sofredores sentem uma ansiedade mais premente por imaginar e saber que o desatar da crise é como um raio à espreita, sem aviso ou prontidão, o que os deixa permanentemente em estado de tensão. Aliás, já se disse que a impressão oriunda da espera – tal como no despontar do terror – equivale à certeza de que, todos os dias, a qualquer instante desconhecido, o raio virá, não se sabe de onde e nem por que, mas virá. Terror é isso: sequestrar a vivência da tranquilidade e da segurança coletivas.

Muitos defendem a perspectiva de que o terror é apenas uma maneira de exercer um direito defensivo ou, até, a prática da virtude militante, da firmeza de princípios e da coerência ideológica, em função da qual até pode resultar uma brutalidade inevitável, mas necessária. Outros tantos entendem que essa é uma indesejada doença política que jamais obteve frutos positivos permanentes na história e que apenas indica uma mentalidade alienada, desumanizante e extemporânea.

De qualquer forma, é salutar recorrer a um profundo pensador da história, o filósofo alemão Hegel, que, há duas centenas de anos, já nos alertava sobre os riscos do hiperdimensionamento da ação retórica ou efetiva, ao dizer que "quem exagera o argumento prejudica a causa".

A comemoração como lamentação, mágoa ou lástima muitas vezes conduz a anseios de ódio. O abominável merece, sem dúvida, ser execrado e é legítima a repugnância pelos agentes econômicos, políticos ou bélicos responsáveis pelo estilhaçamento da urgente e ainda viável utopia da invenção de humanidade como conjunto. Dá ganas de repelir mortalmente os que desprezam vidas e ameaçam a integridade social; porém, um sentimento rancoroso desse tipo é inaceitável, o que não impede que nos lembremos de um dos mais fortes ensinamentos de Pedro Nava, escritor mineiro, médico reumatologista – por isso entendia bem de algumas dores inexplicáveis – e autor de importantes obras nos anos 1970 e 1980:

"Eu não tenho ódio; eu tenho é memória".

Nosotros

Cristóvão Colombo! Prenome de pregador religioso (christoforus, o que leva Cristo) e sobrenome que designa ave símbolo da fertilidade (columbus, pombo), usada por Noé – seu antecessor nas navegações arriscadas – para certificar-se de que o dilúvio houvera terminado e um novo mundo, agora purificado, estava à mostra.

Christoforus Columbus! Quantas vezes é lembrado por ter oficialmente chegado a um continente ainda desconhecido pelos reinos europeus da Renascença. Nascido em Gênova, não encontrou em sua pátria, a atual Itália, acolhida para os seus sonhos ou, como pensaram muitos, para seus delírios; procurou apoio em Portugal, mas lá foi rejeitado. A fortuna e também a miséria vieram de seu trabalho a serviço da monarquia católica hispânica; a partir do financiamento obtido junto a Fernando de

Aragão e a Isabel de Castela acredita-se ter o famoso navegador esbarrado nas contemporâneas Bahamas em 12 de outubro de 1492. No entanto, nem seu nome este "novo mundo" recebeu, ficando a honraria para o compatriota florentino Américo Vespúcio.

Cristóbal Colón! Assim chamado no idioma mais robustamente germinado por aragoneses e castelhanos; introdutor inicial do espanhol nas terras que agora são El Salvador, Cuba, Haiti, Trinidad, Honduras, Jamaica etc. Não é raro ser mais conhecido e, assim, continuamente amaldiçoado, pelo fato de ter trazido para estas plagas a violência conquistadora, a ganância aventureira, o predador humano; ficou marcado como o responsável simbólico pelo genocídio em nome da civilização e pela destruição de povos, culturas, religiões, línguas, saberes e poderes, em nome da cruz e da espada. Falta pouco para, com razão, a ele imputarmos a responsabilidade pelos malefícios resultantes da globalização tal como hoje está, pois essa ânsia de hegemonia global principiou, há mais de 500 anos, exatamente com as grandes navegações e, agora, está atingindo seu ápice.

Colombo! Um dos maiores e mais audaciosos marinheiros da história, fiel seguidor da máxima "navegar é preciso, viver não é preciso" (por muitos atribuída ao genial Fernando Pessoa e, por outros mais desavisados, a Caetano Veloso), sabia que esse foi o incentivo pronunciado pelo General Pompeu no século 1 a.C., quando a esquadra romana teve de cruzar o Mediterrâneo durante uma tempestade quase diluviana. Triste sina! Mesmo com todo esse histórico, seu nome é usado em muitos momentos como exemplo negativo para indicar qualquer pessoa dispersiva ou sem rumo certo na vida, que não sabe o que quer e, que, como ele, partiu sem saber aonde chegaria e, quando chegou, não sabia onde estava...

No entanto, reconheça-se: a maior contribuição de Colombo não foi ter colocado um ovo em pé ou ter aportado por aqui depois de singrar mares nunca dantes navegados. Colombo precisa ser lembrado como a pessoa que permitiu a nós, falantes do inglês, do francês ou do português, que tivéssemos contato com uma língua que, do México até o extremo sul da América, é capaz de nos ensinar a dizer "nosotros" em vez de apenas "we", "nous" ou "nós", afastando a arrogante postura do "nós" de um lado, "vocês" do outro. Pode parecer pouco, mas "nós" é quase barreira que separa, enquanto "nosotros" exige perceber uma visão de alteridade, isto é, ver o outro como um outro e não como um estranho. Afinal, quem são os outros de nós mesmos? O mesmo que somos para os outros, ou seja, outros! Em meio a tantas práticas homicidas oriundas de uma globalização tendencial, mas não obrigatoriamente egoísta e excludente, um passo importante é poder incorporar essa herança linguística positiva trazida por Colombo e alterar os idiomas, começando a dizer por aqui um pouco mais de "nósoutros". Isso sim pode gerar um novo mundo...

O mistério
do simples

Em *O livro das ignorãças*, do sempre centenário poeta Manoel de Barros, continua mais vivo e atual o seu desnorteante *Uma didática da invenção*; nesse poema o mato-grossense teceu chinesa constatação ao anotar: "O rio que fazia uma volta atrás de nossa casa era a imagem de um vidro mole que fazia uma volta atrás de casa. / Passou um homem depois e disse: Essa volta que o rio faz por trás de sua casa se chama enseada. / Não era mais a imagem de uma cobra de vidro que fazia uma volta atrás de casa. / Era uma enseada. / Acho que o nome empobreceu a imagem".

Uma imagem continua valendo mais do que mil palavras? É provável; afinal, a imagem é síntese, agrega em si múltiplos sentidos e, ao mesmo tempo, expressa com vigor a capacidade de alargar a compreensão. Lembremo-nos que o verbo compreender vai além da ideia de entender ou saber; o significado original é de incluir, envolver e abraçar e, desse modo, a imagem favorece a compreensão, isto é, facilita o alcance da abrangência. A imagem é mais clara e transparente porque não está, como a grande parte dos discursos, cheia de dobras internas ou de meandros semânticos (nela presentes, mas não dominantes). Entretanto, a grande vantagem da imagem é poder ser simples; com ela seria possível oferecer todo o conteúdo de um parágrafo como este sem precisar tantos volteios.

Há, contudo, muitas maneiras de dizer-se e dizer o mundo por meio de palavras; a mais poderosa dessas maneiras é aquela que consegue gerar palavras grávidas de imagens, como nas metáforas, parábolas e alegorias. Um outro jeito poderoso é trazer para dentro da expressão das ideias uma arquitetura das palavras que seja – como o essencial das imagens – simples, ou seja, sem complicações. Ser simples, por contraditório que soe, é muito complicado, e isso todos dizemos. Complicado? Sim, e, por incrível que pareça, a ideia de simples e a de complicado estão etimologicamente ligadas.

O vocábulo simples veio para nós do latino *simplex*, no qual sim (ou sem) participa a noção de um ou único, isto é, não composto tal como nas palavras similaridade ou semelhante (de só um modo). Por sua vez, o *plex* se origina do indo-europeu *plek* e este exprime o substantivo "dobra" ou "laço". Assim, simplificado é com uma só dobra ou sem qualquer uma delas, enquanto que complicado é aquilo que está muito dobrado, pois o prefixo *cum* indica intensidade.

Por isso, o compositor RenatoTeixeira descomplica bastante o mistério ao cantar que "O maior mistério é ver mistérios / Ai de mim, senhora natureza humana / Olhar as coisas como são, quem dera / E apreciar o simples que de tudo emana. / Nem tanto pelo encanto da palavra / Mas pela beleza de se ter a fala".

Para não ficar perplexo (enredado em laçadas) é melhor ex/plicar (com a acepção mesma de tirar as dobras, desdobrar, arrancar os laços para fora), deixando a tessitura da ideia bem lisa, aberta, evidente, sem complicações. Explicar com perfeição exige ver e ouvir por inteiro as imagens presentes nas falas recolhidas por Guimarães Rosa nos implicados cafundós. Para entender mais sobre simplicidade, é bom ler, reler e fruir aquilo que qualquer personagem dele singelamente diria, como "pra não nascer, já é tarde; pra morrer, inda é cedo"; ou, ainda, "viver de graça é mais barato" e, talvez, "rir, antes da hora, engasga".

Porém, mesmo quem não é destes grandes sertões também consegue ser um pouco rioboldiana; isso nos ensina Alice Roosevelt Langsworth: "Minha filosofia é simples. Encha o que estiver vazio. Esvazie o que estiver cheio. E coce quando sentir coceira".

A solidão do cais

O fim está próximo! A ameaça apocalíptica de muitos profetas e de variados loucos momentâneos ecoa não só nos templos ou nos desertos eremíticos. A cada final de ano, ou virada de década, vem essa impressão. Tempo de preparar-se para prometer revisões para mais tarde, era de nostalgias postergadas, época de tentar esquecer levemente as asfixias do cotidiano e, suspirando, ficar imaginando que falta pouco... Pouco para o quê? Pouco para o acabar de um sorrateiro embaço e indefinível cansaço. Neste período parece que ficamos todos orbitando em um dos modos de ser de Fernando Pessoa, aquele tão bem lembrado pelo (fictício?) Álvaro de Campos: "O que há em mim é, sobretudo, cansaço / Não disto ou daquilo, / Nem sequer de tudo ou de nada; / Cansaço assim mesmo, ele mesmo, / Cansaço".

A sensação é que esse cansaço nebuloso é adiado por algumas estereotipadas e forçadas comemorações coletivas que apenas invadem a inconsciência e perturbam desejos de somente aquietar-se, se não de forma mais definitiva, ao menos suspendendo temporariamente as tensões de ter de existir sem pausa e ser obrigado a participar de um espírito de júbilo traduzido em posse fugaz, matéria plástica e reconciliações transitórias.

Em dezembro de 1903, o lisboeta Fernando Pessoa, com pouco mais de 15 anos, conseguiu ser brilhantemente admitido na Universidade do Cabo; o exame (um ensaio escrito em inglês!) rendeu a ele o prêmio Rainha Vitória, grande honraria daquela ocasião. Nascido em 1888, ficou órfão de pai em 1893; a mãe (a quem dedicara sua primeira poesia, escrita com 7 anos de idade) casou-se então com um diplomata (sempre viajante) e para tristeza do menino, poucos meses depois da redação da quadrinha "A Minha Querida Mamã", teve de acompanhá-los na mudança da família para a África do Sul, deixando a terra natal. Em Durban estudou o idioma britânico, inicialmente em um convento, fez a High School e, em pouco tempo, foi premiado também pelo desempenho em francês; voltou a viver por um ano em Portugal (enquanto o padrasto gozava de uma licença), retornando à África, na qual o sucesso precoce continuou até o ingresso na universidade.

Mas, nem dois anos tinham ainda se passado e, mesmo com a surpreendente performance acadêmica, o jovem Fernando decidiu regressar novamente para Lisboa, desta vez sozinho, de modo a matricular-se no Curso Superior de Letras. Entre a Península Ibérica e o Cabo da Boa Esperança havia a distância e a presença constante do mar, recorrente na obra do poeta e de seu povo. O já aludido heterônimo do plurifacetado Pessoa, Álvaro de Campos, um depressivo genial, é autor da corretamente extensa e conhecida *Ode marítima*, na qual há o secular e perene verso "Ah, todo o cais é uma saudade de pedra!"

Ele sabia; nós sabemos. A solidez do cais, a solidão do cais. Mais um ano. Estar sempre partindo ou ficando. Por isso, para nos dar alguma paz, esse mesmo Álvaro de Campos escreveu que "Na véspera de não partir nunca / Ao menos não há que arrumar malas / Nem que fazer planos em papel, / Com acompanhamento involuntário de esquecimentos, / Para o partir ainda livre do dia seguinte. / Não há que fazer nada / Na véspera de não partir nunca".

Dessa fonte interna vem a ânsia de descanso e a avidez por sossego. Conclui Pessoa/ Campos: "Sossego, sim, sossego... / Grande tranquilidade... / Que repouso, depois de tantas viagens, físicas e psíquicas! /Que prazer olhar para as malas fitando como para nada! / Dormita, alma, dormita! / Aproveita, dormita! / Dormita! / É pouco o tempo que tens! Dormita! / É a véspera de não partir nunca!"

Conta a lenda filosófica que todas as vezes que ao filósofo alemão Edmundo Husserl era feita a pergunta "E o senhor, como vai?", ele respondia meditante e sem titubeio: "Bem! Sinto apenas uma certa dificuldade em ser..."

Panta rei?

Novo ano, vida nova? Esperança não delirante? Então, mais uma vez, cante-se a primeira estrofe da marcha-rancho "Até Quarta-feira" (composta por H. Silva e Paulo Setti), grande sucesso em 1967 na voz do sambista mineiro Mário de Souza Marques Filho, eternizado como Noite Ilustrada: "este ano não vai ser igual aquele que passou". Então, novamente, levanta, sacode a poeira e dá a volta por cima! Em meados do século 20, o mesmo Noite Ilustrada gravou esse clássico do cientista Paulo Vanzolini e, desde aquela época, amiúde recordamos da fundamental – em todos os sentidos – "Volta por cima". Afinal, em vários momentos e de muitas maneiras, cada um do seu jeito, sempre podemos dizer que "ali onde eu chorei / qualquer um chorava / dar a volta por cima que eu dei / quero ver quem dava".

Este ano não vai ser igual àquele que passou! Aliás, daria para ser de outro modo? Há possibilidade de algum ano, mês ou dia ser idêntico a outro qualquer, como se ficássemos aprisionados no "feitiço do tempo?" Eis aí a chave para abrir um dos pensamentos mais instigantes quando se deseja refletir sobre a vida no dia a dia e as intercorrências dela advindas; fala-se com frequência uma frase que pareceria máxima popular: "Nenhum homem toma banho duas vezes no mesmo rio, pois, quando volta a ele, nem o rio é o mesmo e nem mais o homem o é".

Essa correta percepção remonta à Antiguidade. Voltemos até Platão que, ainda jovem e vivendo na cidade natal de Atenas, pode conhecer pessoalmente Sócrates, a quem considerou "o mais sábio e o mais justo dos homens" (condenado ao suicídio em 399 a.C., antes que o ardoroso discípulo completasse trinta anos de idade). A admiração de Platão pelo mestre foi tamanha que, de todos os seus inúmeros e memoráveis "Diálogos", Sócrates só não é a principal personagem (sempre vencedora nos debates!) em um deles. No entanto, antes do contato inicial com a sua maior influência, foi apresentado a Crátilo, um pensador que defendia a concepção de que nada é estável (o conhecimento ou a ação), pois tudo, na vida e no cosmos, é fluidez e mudança constante; essa tese provocava e incomodava por demais a Platão, a ponto de ele ter passado a existência procurando conciliar e explicar a presença do provisório e do permanente, do passageiro e do duradouro, do mutável e do imutável.

O nome desse pensador que impactou o adolescente Platão será também o título de um dos seus "Diálogos", e nele o autor traz à tona a fonte original das ideias preconizadas um pouco superficialmente pelo lembrado Crátilo. No diálogo ele remete a Heráclito de Éfeso (nascido nessa cidade da Ásia Menor, atual Turquia, e por muitos exaltado como o mais importante entre os filósofos pré-socráticos). Afirma Platão que "Heráclito diz em alguma passagem que todas as coisas se movem e nada permanece imóvel. E, ao comparar os seres com a corrente de um rio, afirma que não poderia entrar duas vezes num mesmo rio". De fato, embora não tenha restado obra alguma completa desse pré-socrático, entre os fragmentos esparsos aquele que foi numerado como 91 diz literalmente: "Não se pode entrar duas vezes no mesmo rio. Dispersa-se e reúne-se; avança e se retira". Essa ideia é sintetizada pela expressão grega "panta rei" (tudo flui).

Panta rei é também título de um bem tramado livro de Luciano de Crescenzo, no qual simula uma conversa com Heráclito. Crescenzo, napolitano nascido em 1928, engenheiro e alto executivo de multinacionais até a idade de 50 anos, decidiu mudar tudo e, abandonando a segura carreira, buscou outro equilíbrio, tornando-se escritor, ator, roteirista, apresentador de televisão. Não o fez sozinho e é dele uma belíssima e esperançosa expressão – felizmente não mutável – que pode nos ajudar nos antigos e novos voos: "Somos todos anjos com uma asa só; e só podemos voar quando abraçados uns aos outros".

Refocilar é preciso!

Fevereiro é sempre um mês que carrega em si a agradável ideia de menos trabalho (para quem já o tem), seja por ser um mês mais curto (mesmo nos anos bissextos), seja pela constância com a qual o Carnaval nele desponta. É mês também um pouco indefinido, inclusive quanto à origem do nome *februarius* (talvez vindo do latim *februare*/purificar), e acabou se tornando para nós uma época raramente recomendável para iniciar projetos e atividades, exceto no insistente e fragmentado calendário escolar. Fevereiro parece um intervalo temporal menos sério e austero, quase que deixando levemente suspensa a gravidade de nós requerida para o restante dos meses; nele, o nosso desvelo dá-se o direito de relaxar um pouco e dissolve em parte o apego aos cronogramas implacáveis ("depois de fevereiro a gente vê como faz").

No entanto, apesar da fingida vacuidade, fevereiro lembra para muitos um período de agradável refocilamento. Refocilamento? Será que Assis Valente sabia disso ao escrever "Brasil, esquentai vossos pandeiros, iluminai os terreiros, que nós queremos sambar?" Nosso idioma guarda delícias surpreendentes e uma delas é que essa estranha palavra, refocilamento, significa recuperação das energias perdidas. De onde vem tal entendimento? Em latim o vocábulo *focus* (fogo) ganhou o diminutivo *focilus* (foguinho) não na acepção ébria, tão inconveniente por estes festejos, mas indicando o esquentar, aquecer, e, por extensão, reanimar.

Refocilar é, portanto, reaquecer e revigorar! Uma pitada de erudição? É só lembrar que Camões usa o verbo no Canto 9 de *Os lusíadas*, dizendo: "Algum repouso, enfim, com que pudesse / refocilar a lassa humanidade". Fica malicioso perguntar a alguém se já está preparado para refocilar tranquilamente nos feriados ou, melhor ainda, indagar *a posteriori* na volta ao trabalho: "refocilaste bem?"

Para muita gente, refocilar implica antes de tudo em ser capaz de passar os dias de folga morgando.

Morgar, essa gíria brasileira que quer dizer, entre outras coisas, dormir, nada fazer, deve ter a sua fonte indireta em morgue (necrotério, como descanso) ou, até, em morgado (bens e privilégios herdados que permitiam não trabalhar mais). De qualquer forma, morgar sugere o remanso, o sossego, a habilidade lentamente desejada e desenvolvida para imobilizar as atribulações do cotidiano e evitar perturbações momentâneas.

Refocilar é restaurar e reforçar. É recompor potências, recuperar forças, retomar a animação, isto é, a vitalidade. Note-se que em todos os desdobramentos e identidades desse verbo aparece o prefixo "re" que indica repetição ou reforço de sentido, de forma a trazer de volta aquilo que talvez tenha se ausentado. Mas, logo fevereiro, pouco depois que o ano começa? Não parece prematuro? Refocilar, todavia, é também desenfadar e desenfastiar e aí o prefixo "des" é negativo, de modo a tornar nulo o enfado e o fastio. Qual enfado ou fastio? Aquele que os aborrecimentos, importunações e desprazeres miúdos provocam sorrateiros no nosso viver e que exigem sim uma carga refocilante.

Reavivar a chama, dar à vida um tempo de recreio, de recreação (recreare, criar de novo), sinalizando esse recrear com a perspectiva de diversão e júbilo. Não é à toa que as nossas memórias se fartam vez ou outra na recordação de grandes recreios vividos com transbordante alegria na aparentemente longínqua infância.

Falamos muito – e isso é importante para afastar a síndrome do ocupacionismo desenfreado – em valorizar o "ócio criativo"; porém, cautela nessa empreita, pois corre-se o risco de querer tornar continuamente produtivo (na acepção utilitarista do termo) aquele tempo livre que tanto reivindicamos. O refocilar deve somar-se ao morgar e disso tudo tem de trazer à tona a possibilidade de viver um fundamental "ócio recreativo"...

O demônio
do escrúpulo

Não é raro que pessoas, ao falarem de si mesmas, proclamem como a sua principal virtude a coerência, ou seja, a determinação de não ter uma vida com duplicidades, pensando uma coisa e fazendo outra. Claro que, para indicar modéstia, o autoelogio vem acompanhado da frase "mas sou alguém cheio de defeitos; por exemplo, sou muito perfeccionista". O "perfeccionismo" parece ser o defeito predileto dos que se consideram sem defeitos; é difícil que alguém se declare dissimulado, fingido ou incongruente e, por isso, o "querer tudo certinho" é a grande e positiva distinção entre os mortais que padecem de alguma debilidade de caráter.

Dizem esses que, como a vida é uma só, melhor aproveitá-la com integridade e coragem, aproximando-se, conscientemente ou não, das ideias do filósofo Marco Aurélio quando este escreveu: "da vida humana, a duração é um ponto; a substância, fluida; a sensação, apagada; a composição de todo o corpo, putrescível; a alma, inquieta; a sorte, imprevisível; a fama, incerta".

Ora, Marco Aurélio é um dos representantes, embora menor, da doutrina denominada estoicismo, cujo nome vem da palavra grega *stoá* (pórtico), por se acreditar que foi ao lado de um deles que Zenão fundou tal escola de pensamento no século 4 a.C.; no ideário estoico a suprema virtude é viver de acordo com a natureza, ou seja, suportar a vida como ela é. Nessa direção, a felicidade seria resultante de se aceitar, pacificamente, a própria existência na condição em que ela está, libertando-se de paixões e cercando-se de calmo desprendimento e resignação coerente.

No entanto, o mesmo Marco Aurélio era imperador romano e viveu uma forte contradição que perturbou sua mente até a morte: propugnava e assumia intelectualmente o ideal de uma vida pacífica, mas foi um dos mais beligerantes e agressivos governantes no século 2 do mundo latino. Enquanto enveredava pela reflexão erudita, produzindo seus escritos reunidos sob o título de *Pensamentos* e neles registrando uma concepção humanitária, conduziu com todo o vigor a perseguição aos cristãos e submeteu (transformando em colonos ou soldados) milhares e milhares de pessoas pertencentes aos chamados "povos bárbaros".

Mesmo assim, lá nos *Pensamentos* definiu: "É próprio do homem amar até os que o ofendem. Chegamos a isso quando pensamos em que os homens são o nosso próximo; em que é pela ignorância e malgrado seu que pecam; e em que logo morreremos, uns e outros; antes de tudo que não nos fizeram mal".

Cinismo? Não! Autoengano? Provavelmente, pois o desequilíbrio entre o proclamado e o vivido fez com que ficasse constantemente atormentado pelo "demônio do escrúpulo". Essa apropriada expressão foi cunhada pelo renomado historiador francês Ernest Renan no século 19 exatamente para explicar as angústias do romano, a quem admirava bastante, a ponto de ter concluído sua monumental *História das origens do cristianismo* intitulando o sétimo e último volume como "Marco Aurélio e o fim do mundo antigo". Nesse estudo, Renan afirma que *Pensamentos*, a obra meditativa do perseguidor, era "o livro mais puramente humano que há [...] verdadeiro Evangelho eterno". Por ironia, o mesmo demônio acuava o admirador, pois, aos 22 anos, sacerdote que era, abandonou a atividade eclesiástica ao entrar em crise por não suportar o confronto entre as imposições vindas da religiosidade com os ditames da racionalidade; entretanto, continuou um místico com obsessivas e recorrentes hesitações na fé parcial.

Para nosso espanto, o termo escrúpulo, no sentido de obstáculo de consciência, tem origem quase drummondiana, dado que *scrupulum* em latim significa pedrinha ou pedregulho, sendo um diminutivo de *scropum* (rochedo). Como sempre, quando emerge um abalo da necessária sintonia entre o dito e o feito, "tinha uma pedra no meio do caminho"...

Cautela! Esse demônio continua solto e pode começar a assombrar a alguns distraídos perfeccionistas.

Alto lá!

Uma das memórias mais recorrentes que carrego pela vida afora foi o grande espanto que tive na Semana Santa de 1964. Vivia eu ainda na minha cidade natal, Londrina, no Estado do Paraná e, com 10 anos de idade, estava bastante ansioso pela chegada aos três cinemas lá existentes dos inevitáveis filmes sobre a vida e martírio de Jesus de Nazaré (que tinham a gloriosa função de elevar o nosso fervor religioso sempre naquela semana específica). Era infalível e não havia quem resistisse: lá vinham *O manto sagrado*, Os Dez Mandamentos – que obviamente não falava de Jesus, mas favorecia o clima – e *O Rei dos reis* (que o cinema local mais pobre, Cine Joia, especialista em produções japonesas, exibia na versão de Cecil B. de Mille feita em 1926).

Naquele ano de 1964 voltava em grande estilo e imensos cartazes de propaganda (com a clássica cena da corrida de bigas à frente de tudo), o demoradíssimo épico Ben-Hur, com mais de três horas de duração! O filme, dirigido por Willian Wyler e com roteiro baseado no romance de Lew Wallace, teve uma versão muda também em 1926 (bastante apreciada por cinéfilos), mas essa de 1959 foi sucesso imediato ao tornar-se vencedora de onze prêmios Oscar, inclusive melhor ator para Charlton Heston (o Ben-Hur) e ator-coadjuvante para Stephen Boyd (o Messala).

O enredo do filme era comovente, especialmente por carregar aquilo que o maior mitólogo contemporâneo, Joseph Campbell (morto em 1987 e com centenário comemorado em 2004), chamou de "a jornada do herói"; ao estudar mitos de variadas culturas, notou que em todos eles há uma similaridade: alguém especial sofre um contratempo ou dispõe-se a uma tarefa, tem de partir voluntariamente ou não, sofre muito para realizar o que precisa e tem uma volta triunfal.

O conteúdo no filme não foge dessa lógica, mormente quando ressalta na personagem principal o valor da fibra judaica. Na Jerusalém do século 1,

Judá Ben-Hur, um aristocrata judeu, é falsamente acusado de crime contra o poder de Roma, tendo sido traído por seu ex-amigo Messala. Condenado à escravidão, foi vítima de intensos sofrimentos, inclusive privação de água (e em bela cena é salvo de terrível sede quando o próprio Jesus, que por ali passava, lhe ofereceu corajosamente o líquido); obrigado a ser remador em uma galé destinada a combates, consegue sobreviver quando a nau afunda em meio a um confronto e ainda salva Arius, cônsul romano. A gratidão do cônsul o leva a adotar Ben-Hur como filho e herdeiro, tornando-o novamente rico, de modo que pode agora tornar à Palestina, ao encontro de sua família e do justiçamento de seu infame acusador.

Delícia pura! Paz e poder, queda seguida de injustiça e tormenta, resultando ao final em vitória avassaladora e incontestável do Bem (sem trocadilho). Quem, no começo da adolescência, não se encantaria com essa história? Por isso, desobrigado das tarefas escolares, lá fui eu correndo, na Sexta-feira Santa, até a porta do Cine Augustus (o nome é mera coincidência) para assistir ao filme. Na ânsia de fruir o espetáculo, esqueci-me completamente que os cinemas não abriam naquele dia, em respeito aos hegemônicos rituais e crenças dos cristãos que guardavam silêncio, jejum e abstinência; fui novamente no sábado, mas estava lotado.

Aguardei impaciente pela chegada do Domingo de Páscoa, naquele ano caindo em um 29 de março; quase não almocei, um pouco tolamente irritado com a família que demorava a começar a comer, pois ficaram os adultos conversando em demasia sobre a situação política nacional e os rumores que corriam soltos. Mal fui liberado, saí sofregamente para ver se conseguia pegar a primeira sessão vespertina; comprei o ingresso e disparei para dentro do cinema, sem nem notar qual era a censura etária do filme. Quando entreguei rapidamente o papelinho ao porteiro do cinema (garboso em sua indumentária plena de rigidez) e entrei acelerado em direção ao saguão, ele me segurou firmemente pelo braço e bradou "alto lá!", levando-me até a porta de saída.

Na hora não entendi o sentido exato dessa interjeição; dois dias depois, ela ficou clara.

Fio da meada

Uma das metamorfoses mais impressionantes do mundo vivo é aquela que ocorre com o bicho-da-seda, que passa por cinco mudanças radicais. De larva a lagarta, quatro transformações durante aproximadamente trinta e um dias, alimentando-se de folhas de amoreira; de lagarta a mariposa, um tempo adicional de três semanas. O mais curioso é que o bicho, ao final do período inicial de um mês, começa a fiar a seda – que tanto seduziu os humanos – formando aos poucos o casulo no qual se encerrará, preparando a fase final. Esse casulo, espécie de "útero" acolhedor, compõe-se de quase um quilômetro de fios (embora sejam precisos 6 mil casulos para resultar em um só quilo de seda). Depois de 21 dias, rompido o invólucro aconchegante, é só voar...

Teria o singelo bicho-da-seda, autor de delicada obra, sido poupado das aflições que acompanham as dores das mudanças? Qual das fases seria mais confortável? O interior do casulo ou a liberdade obrigatória de voar?

E nós? Tem sido cada vez mais comum pessoas procurarem animar aos de semblante preocupado, proclamando a necessidade de a alegria voltar aos olhos e ao coração do outro; para tanto, a frase usada com a finalidade de afastar as aflições do dia a dia é amiúde "desperte a criança que está em você". São imperativos. "Desperte-a! Deixe sair a criança!"

Mas, dormita essa criança ainda na gente? Tal qual crisálida, está lá abrigada? Repousa em sutil torpor? Precisamos encontrá-la ou devemos esquecê-la? Isso dói? Na bela música *O filho que eu quero ter*, canta Toquinho uma triste estrofe: "Dorme menino levado, / dorme que a vida já vem; / teu pai está muito cansado / de tanta dor que ele tem".

Nostalgia uterina? Regresso casular? Recusa à tormenta?

Vez ou outra, melhor virar bicho-da-seda e começar a tecer outro enredo. Guilherme de Almeida fez um pouco isso; participante da Semana de Arte Moderna de São Paulo em 1922, membro destacado da Academia Brasileira de Letras, homenageado como "Príncipe dos Poetas Brasileiros", foi atrás da simplicidade meio chinesa e na sua *Poesia vária* sapecou uma delícia plena de infância e nada infantil: "Um gosto de amora / comida com sol. A vida / chamava-se: Agora".

Outro poeta, Emílio Moura, nascido no primeiro ano do século 20 na cidade mineira com sugestivo nome de Dores do Indaiá, partilhou da eventual irreverência de Guilherme de Almeida, sendo o responsável em 1925 por *A Revista*, a primeira das publicações modernistas de Minas Gerais. Ele é autor de duas obras com títulos para serem admirados com um pouco de inveja: *Canto da hora amarga* (1936) e *O instante e o Eterno* (1953). Mas, o gosto maior estava na toada que saiu na coletânea *Itinerário poético*, publicada em 1969 (ano em que morreu o colega paulista e dois anos antes de sua própria morte): "Minha infância está presente. / É como se fora alguém, / Tudo o que dói nesta noite, / eu sei, é dela que vem".

Quem, ao ouvir essa toada e sendo um apreciador de poesia de profunda qualidade, não se recorda dos lacerantes versos de Fernando Pessoa/ Álvaro de Campos no poema que começa com aflito brado "Grandes são os desertos, e tudo é deserto". Um pouco mais adiante, o desespero de existir vem à tona com a súplica "Volta amanhã, realidade! / Basta por hoje, gentes! / Adia-te, presente absoluto! / Mais vale não ser que ser assim".

A densidade desses gritos – e muitas vezes deles mudamente compartimos - já bastaria para provocar grande incômodo. No entanto, o que Fernando Pessoa escreve a seguir, como se ainda faltasse algo mais temível, mergulha a reflexão na vida de gentes variadas: "Comprem chocolates à criança a quem sucedi por erro, / E tirem a tabuleta porque amanhã é infinito".

A criança a quem sucedi por erro! Para muitos, terrível constatação, apavorante consulta à história pessoal, desoladora resignação. Porém, sempre é tempo de achar o fio da meada; ele mesmo nos advertiu: amanhã é infinito...

Ilusionismos

Em 1980, o essencial Carlos Drummond de Andrade, já com 78 anos de idade, publicou o livro *A paixão medida* e nele inseriu uma provocação poética chamada "A suposta existência". Nas duas estrofes iniciais está o desafio: "Como é o lugar / quando ninguém passa por ele? / Existem as coisas / sem ser vistas? // O interior do apartamento desabitado, / a pinça esquecida na gaveta, / os eucaliptos à noite no caminho três vezes deserto, / a formiga sob a terra no domingo, / os mortos, um minuto / depois de sepultados, / nós, sozinhos / no quarto sem espelho?"

Ora, uma das mais antigas indagações humanas diz respeito à concretude e existência efetiva do real; há séculos que reflexões e escritos procuram, tanto no Ocidente quanto no Oriente, estabelecer algum parâmetro que permita dizer com certeza que aquilo que vemos, experimentamos, pensamos ou sentimos existe de fato, não sendo apenas pura imaginação delirante ou ficção passageira. É clássica uma pequena história, de muitos e diferentes modos recontada, que diz ter um sábio chinês adormecido e sonhado que era uma borboleta; nesse sonho, a borboleta também dorme e sonha ser um sábio chinês. Quando acordam, quem acorda? Quem acorda o quê? Quem era quem ao despertar? Qual era a realidade e qual o sonho?

Pode parecer perda de tempo refletir sobre coisas assim, mas a construção de referências confiáveis para qualquer ação ou pensamento é exatamente a base sobre a qual se assentam as elaborações da Arte, da Filosofia, da Religião e da Ciência. Por isso, no século 18 o bispo e filósofo irlandês George Berkeley também procurava uma referência confiável, especialmente para sustentar sua defesa extremada da supremacia do espírito sobre a matéria. Encontrou-a em axioma latino (embora pudesse ser máxima publicitária atual): *Esse est percipere aut percipi* (Ser é perceber e ser percebido). O que não é percebido não existe, ou seja, o que não for notado e distinguido perde efetividade.

Em 1944 o pensador francês Jean-Paul Sartre escreveu *Entre quatro paredes*, uma de suas mais provocadoras peças de teatro. Encenada com adaptações diversas pelo mundo afora, tem um enredo básico: três pessoas desconhecidas entre si, duas mulheres (a insolente Inês e a fútil Estelle) e um homem (o acovardado Garcin), morrem e, para surpresa completa, vão parar em um cômodo fechado, sem janelas, espelhos e quase nada de móveis; ali, queiram ou não, terão de conviver por tempo indefinido e, claro, suportar-se obrigatória e reciprocamente.

Naquele lugar, o amanhã é sempre a eternidade da presença detestável de outras pessoas com as quais não se queria estar, mas não há como escapar dessa condição (como acontece com muita gente em férias forçadas, em famílias impostas, em casamentos cínicos, em empregos enfadonhos, em lazeres alienantes ou em feriados prolongados).

É nessa peça que se encontra o famoso – e nem sempre incorreto – vaticínio: "O inferno são os outros". Metáfora da vida contemporânea (desde aquela época), a peça inquieta profundamente o mundo das plastificadas convenções sociais, das muitas e tolas vaidades estéticas, das perigosas elasticidades morais e, como complemento sólido, é um desesperador passeio pelo reino das hipocrisias, imposturas e dissimulações das quais somos capazes na breve existência. Há uma cena marcante para demonstrar a parceria entre a futilidade e o desprezo intencional: como não havia espelhos no cômodo – para aflição da vaidosa Estelle – esta precisa que as duas pessoas digam a ela como está a sua aparência. Nada dizem; calam e a torturam com o silêncio, impedindo que saiba por outros como está ela mesma.

A ressurreição eventual do pensamento de Berkeley vem sendo feita de modo hiperbólico, exagerado, exaltado. Não é raro nos depararmos com aqueles que sucumbem aos apelos sombrios oriundos de algumas mídias que proclamam a importância de sermos vitimados por celebridades provisórias, famas instantâneas e personalidades velozmente dissolúveis; parece que a única regra é ser percebido.

Riquezas aparentes, misérias reais...

A inadiável decisão

Em 1757 Jean-Jacques Rousseau (nascido em Genebra 45 anos antes) escreveu *Emílio*, um romance que marcará profundamente o pensamento pedagógico moderno; nessa obra ele propõe princípios e métodos educacionais que impeçam que uma criança (sempre boa por natureza, tal como, acredita ele, assim nasce qualquer mulher ou homem) torne-se má ao ficar adulta. Rousseau proclama a "bondade natural" das pessoas, mas teme sempre que a vida social apodreça essa condição inicial; desse modo, é preciso uma educação com métodos ativos, com respeito à personalidade infantil, e que impeça a ocorrência de descaminhos maléficos.

É dessa possibilidade que trata o romance; afinal, pensava o filósofo, é necessário deixar que o modo como o criador infalível da vida nos fez siga o seu curso próprio, sem a corrompida e desviante interferência humana; aliás, a primeira frase do livro é "Tudo está bem, ao sair das mãos do Autor das coisas". Emílio, na história, cresce sem afastar-se da natureza, viaja bastante pela Europa para aprender ao máximo sobre a amplitude, até encontrar alguém que, como ele, também assim fizera; essa é Sofia (nome grego para designar a sabedoria), mulher com quem se casa, atingindo desse modo a aliança para um futuro de esperança e bondades mútuas.

Nessa mesma Europa, pela qual passeou o fictício Emílio, uma menina alemã de ascendência judaica teve de interromper um "diário" que escrevia com discrição e medo; finalmente, após mais de dois anos escondida com a família no forro de uma casa em Amsterdã, Anne Frank foi aprisionada pelos nazistas que, presentes como violentos ocupantes na Holanda, caçavam sem piedade aos que tivessem qualquer vínculo semita. Entre 1942 e 1944 ela houvera anotado (como em um *blog* precursor) tudo o que sentia, vivia e doía no esconderijo; mas também indicava as alegrias e esperanças que despontavam ineditamente em meio ao pânico habitual daqueles que, a qualquer instante, podem ser vitimados pelo hediondo.

Essa adolescente, aos 15 anos de idade, foi levada para a Alemanha, ao campo de concentração de

Bergen-Belsen, proximidades do porto fluvial de Hanover; em abril de 1945 as forças aliadas, representadas ali pelos ingleses, conseguiram tomar esse campo (o primeiro a ser libertado) e se depararam com a mais real constatação do horror: milhares de cadáveres e o registro sistemático do assassinato de quase 40.000 pessoas, entre elas, Anne, executada um mês antes da tomada.

No entanto, o inesperado aconteceu: as anotações da menina sobreviveram e, publicadas em 1947, ficaram conhecidas como *O diário de Anne Frank* (tornando-se ainda famosa peça teatral e filme). Expressão do odioso e do terno, do terrível e do amável, do medonho e do delicado, o livro assombrou o mundo com revelações que ultrapassam a mera literatura circunstanciada e datada, ajudando muito a compreender as nossas perseveranças e as nossas fraquezas. Naquelas bem-traçadas linhas desponta um relato fiel sobre a ansiedade da salvação e a expectativa do sofrimento, tudo sob a ótica da vítima pueril e precocemente madura.

O mais incrível, porém, é encontrar nesse diário uma frase surpreendente de Anne: "Apesar de tudo, eu ainda creio na bondade humana". Como é possível? Depois de tudo? Tanto padecimento, tanto martírio, tanta tortura, tanta atrocidade! E, de novo, tanta confiança e alento.

Credulidade sentimental? Fé simplória? Delírio filosófico? Romantismo piegas? E daí? É provável que, em Rousseau ou Anne, seja apenas mais uma demonstração da insistente recusa de muitos a aceitarem que a humanidade não tenha saída.

A maldade não é humana? Chama-se de brutalidade, bestialidade ou animalidade ao ato praticado por um homem ou uma mulher que pareçam ter perdido o juízo ou feito algo que se entende como desumano. Desumano? Ora, somos capazes disso! Nossa liberdade nos permite e nos incrimina, nosso arbítrio nos autoriza e nos inculpa; diferentemente de outros seres, temos maior condição de autonomamente decidir e escolher.

Crédulo Rousseau, inocente Anne. Ou, é melhor sermos funestamente realistas? Ainda há tempo; qual a nossa escolha?

Inteligência artificial

Na segunda metade do século 20, de profundas e rápidas mudanças tecnológicas, o diabólico – que, se tomado em sua acepção etimológica mais simples, significa: *jogar separado, desagregar* – parece ter-se metamorfoseado de muitas maneiras, ganhando ares mais eficazes e potentes: a magia do cinema, a companhia do rádio, o vício da televisão, a liberalidade antes do videocassete e depois do DVD, o ensimesmamento do *walkman*, a narcotização do videogame.

Mas, eis que surge a suprema metamorfose (por reunir em si todas as anteriores), a encarnação luciferina: o *Computador*. Aí foi demais. Se pudemos conviver de forma medianamente pacífica com as outras metamorfoses (às vezes ignorando-as, outras vezes nos deixando possuir), essa trouxe uma ameaça fatal: ele é especialista em **inteligência**, a *nossa* especialidade. Pior ainda, ele é especialista em algo impossível para muitos de nós: **inteligência artificial**, sem materialidade, sem peso, sem odores, sem carne, sem sentimentos; enfim, *desumana*.

Pronto, aí estaria a saída para os que querem rejeitá-lo, combatê-lo e derrotá-lo: sua desumanidade. Ele sim, o computador, atemoriza, pois tem inteligência. Mas, ela é "artificial" e, por isso, diriam alguns, merece ser exorcizada, na busca de uma vida mais "humana".

Nesse caso, o equívoco maior é mergulhar preventivamente na **informatofobia**, marcada pelo medo preconceituoso e gerador de rejeições que, sem dúvida, bloqueiam a exploração adequada desse *instrumento humano*.

Porém, há ainda outro equívoco: supor que a informática é a "solução final" para os problemas da humanidade, entendendo que, sem o computador, não é possível produzir uma existência coletiva digna.

Vivemos atualmente uma espécie de *síndrome de modernidade*: tudo o que estiver envolvido em uma aura de tecnologia em sua produção e disseminação é considerado de qualidade positiva. Sendo a informatização, com toda a razão, entendida como a marca mais significativa destes tempos, o que a ela estiver atrelado ganha um pendão de *moderno* e, portanto, de imprescindibilidade. Ser *imprescindível* nos nossos dias é o quesito mais atraente para a aquisição de uma *mercadoria* qualquer; a noção central é: *você não pode ser completo sem isto, senão... estará ultrapassado e deixará de ser "up to date"!* A *novidade*, mesmo aleatória, continua sendo o obscuro objeto do desejo de muita gente.

É preciso cautela com a **informatolatria**. Tecnologia em si mesma não é requisito exclusivo para avaliar e fomentar a qualidade da produção e da vida humanas. Afinal, não é a utilização de avançados "editores de texto" que possibilitou, por exemplo, a elaboração de grandes obras na literatura; a maioria delas, até hoje, foi registrada com estiletes, penas de pato, grafites, canetas ou máquinas de escrever e pode, *também*, originar-se de computadores.

Ademais, o impacto das tecnologias informatizadas em relação à qualidade de vida das pessoas pode ser medido no seguinte exemplo: nos anos 1970, *uma datilógrafa trabalhava em um escritório, usava máquina de escrever manual, ganhava dois salários mínimos, trabalhava oito horas por dia e vivia mal; nos anos 1980, o escritório adquiriu uma máquina de escrever elétrica e ela continuou a ganhar dois salários mínimos, trabalhar oito horas por dia e a viver mal; nos anos 1990, o escritório informatizou-se e ela continuou com seu salário, jornada e condição de vida. Ou seja, continuou na mesma*! Infelizmente, essa situação caricatural pode ser estendida a outros campos da atividade humana.

Será a inteligência artificial uma ferramenta demoníaca ou, finalmente, estamos prestes a redimir Prometeu por nos ter entregado o fogo roubado dos deuses?

Fronteiras, negação da ideia de humanidade?

O grande historiador Arnold Toynbee inicia o capítulo 2 de sua obra *A humanidade e a Mãe-Terra*, escrita em 1974, falando sobre o território humano: a biosfera.

Diz Toynbee que *o termo "biosfera" foi criado por Teilhard de Chardin. É um termo novo, exigido por nossa chegada a um estágio mais avançado no progresso de nosso conhecimento científico e poder material. A biosfera é uma película de terra firme, água e ar que envolve o globo (ou globo virtual) de nosso Planeta Terra. É o único habitat atual – e, tanto quanto podemos prever hoje, é também o único habitat jamais viável de todas as espécies de seres vivos que conhecemos, a humanidade inclusive.*

O historiador foi cauteloso quando inseriu um *tanto quanto podemos prever hoje;* passadas algumas décadas, é provável que ele tivesse que rever sua concepção sobre as fronteiras do mundo humano.

Afinal, quais são os limites da territorialização humana? Nossas fronteiras são móveis – como sempre o foram – e nos referimos às fronteiras do conhecimento, às fronteiras da ciência, às fronteiras do espaço, às fronteiras dos países etc., como horizontes a serem ultrapassados.

Foi-se o tempo em que um mapa podia, de maneira categórica, trazer nos seus contornos um *Nec plus ultra* (Não mais além) que, segundo a mitologia grega, Hércules teria gravado nas elevações de Gibraltar e Ceuta, quando as separou para conectar o Mediterrâneo ao Atlântico.

Mas, não é tão romântico assim, e nem dá para ter uma visão triunfalista da nossa racionalidade.

Os deuses não atribuíram a Hércules um 13º trabalho: alargar fronteiras. Essa tarefa muitos humanos abraçaram como se fosse, até, um encargo sagrado e, ao longo da história, ela tem significado muito mais do que simplesmente estender os espaços da humanidade.

Alargar fronteiras tornou-se uma forma de obter novos territórios (com seus povos e culturas) e, qualquer que seja o pretexto ou o modo, torná-los dominados, vencidos e conquistados. Não é casual que em muitos idiomas (o português entre eles) alguns vocábulos, que serviam originalmente para designar aqueles que não pertenciam ao povo que fosse mais poderoso, acabaram por adquirir uma conotação pejorativa.

Gregos, e depois os romanos, referiam-se aos estrangeiros na Antiguidade como *bárbaros* (que hoje é sinônimo de *cruel*); o termo *vândalo*, designação do povo de origem germânica que no século 5 avançou sobre domínios anteriormente conquistados pelos romanos, transmutou-se em sinal de *brutalidade*, gerando inclusive a expressão *vandalismo*. O que não dizer da expressão *selvagem*, oriunda daqueles que viviam na cidade (os cidadãos da *civitatem*, os civilizados, os urbanos) e que, ao invadirem as selvas do "Novo Mundo", nominaram como *selvagens* seus habitantes, ganhando esta expressão o sentido de violentos, incultos, sem urbanidade. Isso tudo sem esquecer o termo *desbravador*, tão caro a muitos de nossos autores de livros de história quando mencionam alguns heróis nacionais, e que, em última instância, é somente uma maneira de camuflar a extinção dos *bravos* que reagiam furiosamente à destruição de suas culturas, religiões e territórios.

Em texto de 1855, cuja autoria é atribuída ao Chefe Seattle e que teria sido enviado ao então presidente Franklin Pierce, está escrito: *O homem vermelho sempre temeu o avanço do homem branco... Sabemos que o homem branco não entende nossos costumes. Uma porção de terra, para ele, tem o mesmo significado que qualquer outra, como um forasteiro que vem à noite e tira da terra tudo o que necessita. A terra não é sua irmã, mas sua inimiga, e quando ele a conquista, continua simplesmente seu caminho... Trata sua mãe, sua terra, seu irmão, e o céu, como coisas para serem compradas, saqueadas, vendidas como carneiros ou contas coloridas. Seu apetite devorará a terra e deixará somente um deserto... Isto sabemos. Todas as coisas estão ligadas como o sangue que une uma família. Há uma ligação em tudo. O que ocorrer com a terra, recairá sobre os filhos da terra. O homem não teceu a trama da vida; ele é meramente um de seus fios. Tudo o que fizer ao tecido fará a si mesmo.*

No seu Opiário, F. Pessoa/Álvaro de Campos diz: *Eu acho que não vale a pena ter / Ido ao Oriente e visto a Índia e a China. / A terra é semelhante e pequenina / E há só uma maneira de viver.*

Será?

Um passeio pelo obsceno

Vivemos, todo ano, a ressaca pós-carnavalesca. Para muitos, chega ao fim o império da luxúria e da devassidão; para outros tantos, é o momento do reino da nostalgia e da saudade do futuro.

Alguns, já um pouco enfastiados com as libações etílicas, procuram recompor-se da sensualidade transbordada. Outros, avessos talvez à explosão das *genitálias desnudas* – ofertadas por milhares de *ladies* Godivas pós-modernas –, regozijam-se com o término daquilo que entendem como o preâmbulo do apocalipse.

Carnaval, tempo de escândalos e prazeres? Entre seus despojos, ficam, ainda, as imagens do despudor público (o privado não) exibidas pelos jornais e pelas revistas e televisões.

Face ao derramamento pictórico desta fase, é provável que as palavras mais proferidas tenham sido, e continuem sendo, *escandalosa, delícia, vergonha, indecente, gostoso, imoral*. Parece até que o alerta feito por Jean-Jacques Rousseau no *Emílio*, quando diz que *quem cora já está culpado; a verdadeira inocência não tem vergonha de nada*, não foi bem-assimilado.

Estes são tempos de discutir, de novo, o recorrente tema do **obsceno**. E, conexo a ele, o impudico, o impuro, o imundo, o indecoroso, o pecado, o lascivo, o libidinoso, o pornográfico e (por que não?) a culpa.

Há não muito, esses epítetos foram aplicados às exibições de Josephine Baker, aos lábios do Mick Jagger, aos balanços de Elvis Presley, ao esvoaçante vestido de Marilyn Monroe, às composições de Raul Seixas, à nudez telenovelesca, às letras de *rap*, às saias da Wanderléa, aos filmes de Pasolini etc.

A propósito das tentativas de proibição, vale lembrar o próprio Pier Paolo Pasolini (tantas vezes identificado como personalidade escandalosa) que costumava responder aos seus críticos dizendo *que pecar não é praticar o mal; o verdadeiro pecado é não fazer o bem*.

Toda vez que o debate sobre o obsceno se instala, ou há intenção de censura ao que for considerado imoral, não são poucos os que argumentam que *imoral é a pobreza, indecente é a fome, indecoroso é o salário mínimo* (que, como falava o saudoso cartunista Fortuna, não é nada, não é nada... não é nada!). Não há como discordar desse viés, mas, qual a natureza do obsceno? Pode-se definir o obsceno para além do campo econômico e político? Qual é o limite do lícito e do decente na literatura, na arte, na liberdade de expressão, na religião?

Teria hoje Júlio II ficado espantado com o resultado do trabalho de Michelangelo na Capela Sistina como ficou em 1512? E se olhasse o exterior de uma de nossas bancas de jornais, exclamaria ele (como Cícero nas *Catilinárias*): *O tempore! O mores!*?

Sócrates foi acusado de impiedade pública, Jesus de Nazaré foi denunciado pelo crime de escândalo, Galileu amargou uma reclusão em função de sua heliocêntrica proposta indecente e Darwin, prisioneiro de escrúpulos morais, reteve por muito tempo a divulgação de suas conclusões. Todos eles, de alguma maneira, foram obscenos para seu tempo. E hoje, o que é, de fato, obsceno?

Stendhal conta que uma princesa, ao comer voluptuosamente um sorvete numa noite muito quente, disse: *Que pena não ser pecado!*

Os meandros
da razão

Blaise Pascal – sempre citado quando se quer arranhar a terrível eficácia da Razão, principalmente contra Descartes – afirmava no século 17 a existência de *dois excessos: excluir a razão e admitir apenas a razão*, montando, assim, as bases de um aforismo pronunciado (trezentos anos depois) por Romain-Roland: *A Razão é um sol impiedoso; ela ilumina, mas cega.*

A exaltação da Razão, e as tentativas de diminuir a presunção de sua primazia, são temas recorrentes em todo o percurso do pensamento ocidental. Quando, no século 4 a.C., Aristóteles elege a racionalidade como sendo a diferença específica entre o Homem e seu gênero próximo, os outros animais, estava consolidando uma expressão imperativa que atravessaria os séculos quase imaculada: *o Homem é um animal racional*. Tão óbvia parece ser essa definição aristotélica que raramente se cita a fonte ou se conhece sua origem.

Não foram poucos os que buscaram demonstrar a insuficiência ou, até, a precariedade dessa convicção. A ela se opõem, basicamente, alguns dos arautos da Arte e da Religião, lançando mão do insistente e contínuo apelo da humanidade à Emoção e à Fé.

A Modernidade não escapou dessa cisão. Apesar de a cosmovisão medieval ter procurado resolver essa dicotomia inventando uma função servil e instrumental da Razão em relação à Fé, o ideário renascentista fermentou em meio a movimentos oscilatórios e ambíguos no tratamento da questão. A transição para o moderno foi feita com ensaios de enquadramento lógico nos campos da pintura e da escultura (a partir da busca da simetria e proporcionalidade) e também na música (com a organização de pautas, escritas e escalas matematizadas); até a poesia (reduto especial da liberdade emocional) foi circunscrita a padrões métricos mais rígidos.

O ápice desse confronto Razão/Emoção/ Fé vai se dar no Iluminismo europeu do século 18 e nos conceitos cientificistas do século 19. Sob o império da Razão, a saída (provisória, claro) será construída pelo mecanismo da exclusão: o que não se encaixa nos cânones da lógica é incerto, frágil e (por que não?) fútil.

Nesse apogeu, a oscilação não cessa. Ao mesmo tempo em que Diderot (um dos avatares do Iluminismo) dizia que *se a razão é uma dádiva do céu, e se o mesmo se pode dizer quanto à fé, o céu deu-nos dois presentes incompatíveis e contraditórios*, seu contemporâneo Montesquieu nos lembrava que *nada devemos fazer que não seja razoável; mas nada também de fazermos todas as coisas que o são*.

Em nosso século, desde seu início, a reação à pretensão de exclusividade da racionalidade tem sido furiosa na trincheira das Artes e da Filosofia; ademais, a capacidade humana (racional?) de autodestruição e de eliminação da vida planetária tem acompanhado de perto as conquistas e benefícios da Razão técnico-científica.

Talvez G.B. Shaw estivesse certo ao propor que *o homem razoável adapta-se ao mundo; o homem que não é razoável obstina-se a tentar que o mundo se lhe adapte. Qualquer progresso, portanto, depende o homem que não é razoável*.

Evas e pandoras:
o feminino revisitado

Certa vez o jornalista Caio Túlio Costa escreveu um artigo no qual aborda *O Feminino* partindo da análise mitológica em torno da Guerra de Troia e, é claro, sem concordar com a conclusão, constata que "de Troia se pode tirar a lição da importância politicamente incorreta da mulher enquanto objeto de beleza e vaidade".

Ora, o imaginário ocidental está recheado, desde a Antiguidade, de mitos, crenças e relatos fabulísticos em torno da mulher, seus encantos, feitiços e, principalmente, dos malefícios que pode acarretar. Por isso, é preciso, infelizmente, acrescentar à reflexão de Caio Túlio um outro viés desagradável e negativista quanto ao papel do Feminino na história humana: a Mulher como introdutora dos males do mundo.

Há duas explanações exemplares que situam a origem das imperfeições humanas como consequência da ação feminina: o mito hebraico de Adão e Eva, e o mito grego de Prometeu e Pandora.

O mito hebraico (por demais conhecido e, até, paradigmático) elabora um Paraíso centrado em duas árvores essenciais (a da Vida e a do Conhecimento), nele situa o casal humano primordial e este recebe um único interdito: não aspirar à igualdade com a divina perfeição. Por livre vontade, mas tentado por um veículo do mal externo ao humano (a serpente), o casal rompe o pacto (ao apoderar-se do Conhecimento) e, sendo expulso da presença da Divindade, não consegue apropriar-se da Árvore da Vida; nesse mito Adão acedeu à tentação de Eva, antes assediada pela serpente. A Divindade não os deixou impunes. Para o Homem ("porque deste ouvidos à voz de tua mulher"), o castigo foi comer o pão como suor do próprio rosto. Para a Mulher disse: "multiplicarei os teus trabalhos e teus partos; darás à luz com dor os filhos, e estarás sob o poder do marido, e ele te dominará".

Por sua vez, o mito grego também está calcado, inicialmente, nos perigos da tentativa de igualar-se aos deuses. Zeus estava irritado com Prometeu porque este houvera roubado o fogo (símbolo do saber e da técnica) e entregue ao gênero humano; para vingar-se, Zeus ordena a Hefesto (deus do fogo, correspondente ao Vulcano dos romanos) que, usando barro, faça aquela que seria a primeira mulher na Terra: Pandora (*todos os dons*). Zeus a ela entrega um jarro lacrado e a proíbe de abri-lo, enviando-a para Epimeteu (irmão de Prometeu); curiosa, ela rompe o lacre e dali escapam os males que atingirão a humanidade. No fundo do jarro (portanto, em posse da humanidade) restou apenas a *esperança*.

Parte da penalidade imposta à Mulher pela divindade hebraica, a multiplicação dos trabalhos, parece continuar valendo. De acordo com estudos da OIT (Organização Internacional do Trabalho), do total de horas trabalhadas diariamente no planeta para a sobrevivência da espécie, dois terços o são pelas mulheres (isso apesar de a população mundial ser quase paritária quanto ao percentual de masculino e feminino). Da penalidade outorgada por Zeus, felizmente sobrou a esperança.

Pandoras ou Evas, as mulheres, a cada dia, constroem a igualdade dos gêneros. Estava Simone de Beauvoir correta ao dizer que "não se nasce mulher, torna-se"...

O belo e seus desafios

Ao falar sobre a Estética no final do século 19, o escritor francês Émile Zola disse que *a ciência do belo é uma brincadeira inventada pelos filósofos para grande hilaridade dos artistas.*

Ironia ou convicção? Provavelmente uma pitada de ambas; não foram poucos os "fazedores de arte" na história que, como Zola, procuraram amenizar as inúmeras tentativas de enquadramento lógico das irrupções estéticas.

De fato, como enclausurar racionalmente os cinco anos gastos por Michelangelo para concluir a *Pietá* e eternizar no mármore o semblante universal de uma mãe como filho morto no colo? Ou, ainda, como escandir o arrebatamento provocado pela audição do quarto movimento da *Nona Sinfonia* de Beethoven? Como entender o sentimento dos versos de Catulo da Paixão Cearense na canção *Ontem ao luar* que, desde a gravação de Vicente Celestino em 1918, nos mostra que *se tu desejas saber o que é o amor / E sentir o seu calor amaríssimo travor / Do seu dulçor / Sobe o monte à beira-mar, ao luar / Ouve a onda sobre a areia a lacrimar / Ouve o silêncio a falar na solidão...*

E o fantasma de Álvares de Azevedo que, nos seus terminais vinte anos, a ele dizia: *sou o sonho de tua esperança / Tua febre que nunca descansa / O delírio que te há de matar!?* E o horror de Picasso expresso no *Guernica*? Diz a lenda que, quando uma autoridade alemã o elogiou pela produção da pintura, respondeu: *a obra não é minha, e sim vossa; apenas a pintei*.

E a vertigem criada pelo refrão da *Roda Viva* do Chico Buarque na qual *Roda mundo roda gigante / Roda moinho roda pião / O tempo rodou num instante / Nas voltas do meu coração?* O que tem ela em comum com a cena do cego, na chuva, tocando no acordeon a música que Nino Rota compôs para o *Amarcord* de Fellini em 1973?

O poeta francês Paul Valéry não encontraria dificuldade para conectar Chico e Fellini, Álvares e Picasso, Michelangelo, Beethoven e Catulo; afinal, ele dizia que *definir o belo é fácil: é aquilo que desespera*.

Seria essa a essência do Belo ou, como é usual interpretar, a noção de beleza é histórica e, portanto, mutável? Há alguns anos entrou em moda a técnica de colorização de filmes clássicos e isso causou um certo frêmito nos incautos; pode o Belo ser modernizado sem perder vigor?

Qual seria nossa sensação se fossem restaurados os braços na *Vênus de Milo* ou reconstituídos o *Coliseu* e a *Acrópole*, de modo a ganharem sua forma original? Continuariam belos – como talvez o foram na sua gênese –, ou nosso olhar já se habituou à formosura do desgaste temporal? O que pensaria Aristóteles, para quem *o Belo é o esplendor da ordem?* E que ordenação é essa aspirada por ele? É simetria, as coisas no seu lugar, a harmonia convergente?

Como ficaria nosso olhar sobre um *Cidadão Kane* ou um *O Garoto* colorizados? Seria respeitoso com a intenção e condição de Orson Welles e Chaplin? Mas, a Arte não é, também, a prática do desrespeito?

De qualquer forma, pensar o Belo é um desafio tradicional, seja em função da busca de sua suposta natureza, seja, inclusive, pela carga de relatividade que seu anúncio comporta.

Talvez por isso mesmo o poeta Rimbaud, na sua autobiografia *Uma temporada no inferno*, tenha escrito que *uma noite, sentei a beleza sobre os meus joelhos. E achei-a amarga. E insultei-a.*

Simbolismo ou surrealismo?

O amor e suas razões

Lá pelos meios do século 20, o filósofo e psicanalista alemão Erich Fromm – que, ao lado de Marcuse, influenciou imensamente os movimentos contraculturais dos nossos anos 1960 e 1970 – publicou o livro *A arte de amar* e, no capítulo 2, afirmou: "O amor imaturo diz: – eu te amo porque preciso de ti; o amor maduro diz: – eu preciso de ti porque te amo".

Essa aparente contradição indicada por Fromm, supostamente produzida pela transição da imaturidade para a maturidade, aponta para uma outra questão: a dimensão da causalidade. Quando imaturo, a necessidade de alguém faz com que aquele seja amado, sendo o amor um efeito; quando maduro, o amor por alguém faz com que dele se necessite, sendo o amor uma causa.

Existe, de fato, amor maduro? Mais ainda: Pode existir? Ou, pior: Existe o Amor, ou esse é apenas um outro nome para caracterizar as relações de dependência e precisão? Maduro ou não, o que é isso? É diferente o da mulher e o do homem? Lord Byron achava que sim; no seu *Don Juan* inseriu a máxima 471 de La Rochefoucauld: "na sua primeira paixão a mulher ama o seu amante; em todas as outras, tudo o que ela ama é o amor".

Todos nós, provavelmente, quando fomos apresentados aos estudos da gramática, ainda no processo inicial de alfabetização, nos demos conta de um fato: o melhor e mais citado exemplo para explicar um substantivo abstrato era Amor. Aprendemos que era substantivo e também que era abstrato; só não aprendemos qual a sua substância. Afinal de contas, o substantivo concreto é aquele que designa um objeto ou um ser; por sua vez, o substantivo abstrato é aquele que nomeia ações, qualidades ou estados considerados separados dos seres e objetos.

Separados dos seres e objetos! Onde, então? Teria a morfologia uma queda pelo idealismo de Platão ou, melhor ainda, assimilado completamente a noção de "amor platônico"?

Um dos melhores *graffiti* que já pude ler – pela sua erudição e sagacidade – ficou muito tempo numa das paredes da PUC-SP: "Para curar um amor platônico, nada como uma transada homérica!" Seria a revolta contra os ditames da impermeável abstração do substantivo exemplar ou apenas uma reificação psicanalítica amadora? De qualquer forma, a frase capta bem o sentido da ideia de Sebastien Chamfort que afirmava (em plena Revolução Francesa) que "o amor, tal como existe na sociedade, não passa da troca de duas fantasias e do contato de duas epidermes".

Seria o Amor resultante da fantasia, da quimera simbólica, da ânsia pelo valor mais alto dos pertencimentos recíprocos, da abstração? Mas, o sentido do Amor passa, sem dúvida, pelos sentidos dos corpos, pelo concreto. Qual o papel do tato ("tua pele macia"), do olfato ("o aroma de canela"), da audição ("tuas doces palavras"), da visão ("teu semblante majestático") e do paladar ("teu sabor de mel")? Ou, como pensava Albert Cohen, "teria Julieta amado Romeu se a Romeu faltassem quatro incisivos, deixando-lhe um grande buraco negro no meio?"

O amor é cego e... imaturo. É paixão e mistério. Tem razão Fernando Pessoa/Álvaro de Campos ao dizer que "todas as cartas de amor são ridículas / não seriam cartas de amor se não fossem ridículas /

[...] Mas, afinal, só as criaturas que nunca escreveram cartas de amor é que são ridículas".

Substantivo abstrato?! Ora, os gramáticos que nos perdoem...

A dor e suas faces

A reflexão sobre a dor e o sofrimento sempre teve um lugar especial nas religiões, nas ciências e nas artes. É só nos lembrarmos dos ensinamentos de Epicuro que, no século 4 a.C., apresentava a luxúria inteligente como antídoto para os males vivenciais, ou, logo após, a posição dos estoicos e seu legado para o mundo romano de Cícero, Sêneca e Marco Aurélio, com a defesa da indiferença aos prazeres e às dores do mundo. Temos também, entre outras, a religião cristã e sua compreensão da dor como veículo da purificação e da salvação da alma, assim como do martírio em sua dimensão de amorosidade religiosa.

A representação medieval e renascentista colocam a dor nas pinturas sacras que exaltam o suplício de Cristo e na literatura da *Comédia*, de Dante. Rembrandt, em 1632, pinta *Lição de anatomia do*

Dr. Nicolaes Tulp, indicando o esforço para conhecer o corpo humano e nele intervir; no século seguinte, o Marquês de Sade elege a dor como o mais eficiente caminho para o prazer. Apesar de Sade, os tribunais inquisitoriais e, modernamente, o aparato policial, continuaram a entender que a produção do sofrimento é um eficaz recurso para atingir a verdade desejada.

No século 19, o romantismo francês encontra no escritor e poeta Alfred de Musset o papel pedagógico do sofrimento; dizia ele que "o homem é um aprendiz, a dor a sua mestra", talvez influenciado pelo fracasso de sua relação amorosa com a romancista George Sand (pseudônimo de Amandine Dupin), no coração da qual pretendia substituir o compositor Chopin. Musset abandona um pouco as lições de Molière e sua sátira aos hipocondríacos n'*O doente imaginário* e esquece La Fontaine, que entendia que "a dor é sempre menos forte do que a lamentação".

Dor é sintoma, repetem, incansáveis, os discípulos de Esculápio; não tem ela uma identidade própria, resignando-se a ser simples sinalizadora de um problema recôndito, funcional ou orgânico. No entanto, apesar dessa sua feição aparentemente secundária, a dor ocupa destacada posição nos temores humanos; não importa se é sintoma ou não, queremos é dela nos livrar o mais rápido possível – tanto que quem pela dor sente atração é considerado psicologicamente alterado.

Dor de cabeça, de "cotovelo", da traição, da humilhação, da derrota, de dente etc.; não é tudo a mesma coisa? Ou o sofrimento tem uma escala externa ao sentidor? Em 1990 a feminista americana Naomi Wolf escreveu, no seu *O mito da beleza*: "a dor é real quando você consegue que outras pessoas acreditem nela. Se ninguém, exceto você, nela crê, sua dor é loucura ou histeria".

Quando o romano Ovídio elaborou *Metamorfose*, por volta do ano 8 da Era Cristã, Morfeu, o deus dos sonhos, aparece como uma das personagens; quase 1.800 anos depois, o farmacólogo alemão Friedrich W.A. Saturner utilizou o nome daquela divindade para indicar um analgésico derivado do ópio: a morfina. Essa relação entre o deus e o medicamento não foi meramente fortuita; afinal, um dos mais antigos sonhos humanos é o afastamento ou a ausência da dor.

Ou será que, como diz o bom conselho, dado de graça na canção, não adianta dormir que a dor não passa?

A liberdade,
uma obsessão

Morreu em 1895 o grande poeta e ensaísta cubano José Julian Martí, um dos líderes de Cuba na guerra pela independência contra a Espanha. Martí, um cidadão das Américas, disse que "a liberdade é muito cara e é preciso resignarmo-nos a viver sem ela, ou então a pagar-lhe o preço".

Ele optou por pagar. Ainda adolescente, em Havana, foi condenado a seis meses de trabalhos forçados por envolvimento com grupos revolucionários; aos 18 anos foi exilado na Espanha e, sucessivamente, no México, Guatemala, Estados Unidos e Venezuela até que, aos 42 anos, morreu em combate em sua terra natal.

Em 1996, o educador Paulo Freire - o brasileiro com o maior número de títulos de doutor *honoris causa* pelo mundo afora - completou 75 anos (muitos dos quais no exílio, pagando o preço aludido por Martí), em uma vida dedicada à educação como prática da liberdade. Também naquele ano chegou na mesma idade o Cardeal Paulo Evaristo Arns (homem honrado e um corajoso combatente em defesa da cidadania livre), na época grão-chanceler da PUC-SP (e que atingira meio século de uma existência sacerdotal permeada por tentativas frustradas de sequestro de sua liberdade).

O que uniu esses três homens, e, resguardadas as óbvias diferenças, muitos outros, como Sócrates, Jesus de Nazaré, Giordano Bruno, Frei Caneca, Bakunin, Gandhi, Nelson Mandela etc. etc.? Todos eles, em nome da liberdade, colocaram a própria em sério risco!

Insanidade? Combater os fatos? Insubmissão contra a realidade mais forte? Pode ser. Desiderius Erasmus (o padre agostiniano conhecido como Erasmo de Roterdã) afirmou, no início do século 16, que "nenhum animal é mais calamitoso do que o homem, pela simples razão de que todos se contentam com os limites da sua natureza, ao passo que apenas o homem se obstina em ultrapassar os limites da sua"; não por acaso, essa sentença se encontra na sua clássica obra *O elogio da loucura*.

Essa obstinação de que fala Erasmo pode ser traduzida pelo primeiro conceito apreendido por um ser humano: o não! Apesar da primeira palavra pronunciada por uma criança nas diferentes culturas ser, usualmente, o equivalente a *mamã*, o conceito primordial é o da negação, que se expressa, por exemplo, no cerrar firmemente a boca ou cuspir o alimento quando de sua rejeição, ou, ainda, o choro convulsivo e o largar o peso do corpo como forma de manifestar recusa.

Pela vida adiante, o ser humano vai consolidando e valorizando sua capacidade de dizer *não* aos fatos, às pessoas e às relações. É claro que por trás da capacidade de negar algumas coisas está inclusa a faculdade de afirmar outras; isso é, em suma, o cerne da possibilidade de escolher, de romper limites, de rejeitar situações.

É por isso que filmes como *Queimada, Papillon, Fugindo do inferno, Um sonho de liberdade, Furyo* etc., exercem tanta atração sobre nós e, pela mesma razão, nos horrorizam as ditaduras políticas e pessoais, os campos de concentração, a miséria, os *apartheids* de qualquer tipo e os sequestros.

A literatura, a poesia, a música também estão impregnadas de odes simbólicas à liberdade, desde o caetaneante "caminhando contra o vento, sem lenço e sem documento" até os fortes versos, que cito amiúde para revigorar, presentes em *Pesadelo*, de Maurício Tapajós e P.C. Pinheiro, quando cantam "você corta um verso, eu escrevo outro, você me prende vivo, eu escapo morto"...

Não é à toa que o mesmo Sartre da frase "o inferno são os outros" escreve n'*O existencialismo é um humanismo* que "o importante não é o que fazem do homem, mas o que ele faz do que fizeram dele"...

A democracia, ferramenta da igualdade

O poeta e dramaturgo francês Edmond Rostand, mais conhecido pelo seu *Cyrano de Bergerac* (1897), disse que "enquanto houver ditaduras, não terei coragem para criticar uma democracia". Algumas décadas antes dele, em um discurso de 1856, o futuro presidente dos Estados Unidos da América, Abraham Lincoln, fez um belo trocadilho em inglês: "the ballot is stronger than the bullet" (a cédula é mais forte que a bala), poucos anos antes de liderar a União em uma guerra civil. Ilusão política, falta de senso crítico ou demagogia pragmática?

A democracia, essa invenção grega do século 5 a.C., nasceu, para os padrões de hoje, pouco democrática: cidadão era somente o grego, livre, homem e maior de 35 anos de idade. Teve vida breve na Antiguidade e só renasceu, de fato, no século 18.

Até nossos dias, no entanto, ainda não se disseminou por todo o planeta.

Para os que se espantam com os mecanismos de exclusão de cidadania no berço grego clássico, basta lembrar que, mesmo nos países mais avançados, as mulheres só tiveram acesso ao voto neste século (em alguns cantões da Suíça ainda não votam) e, no Brasil, o sufrágio só passou realmente a ser universal em 1988 (quase um século após a proclamação da República!); ademais, apenas duas nações de porte (Brasil e Nicarágua) permitem a inscrição de eleitores a partir dos 16 anos.

Esse regime político tão caro a muitos de nós não teve, e nem tem, o caráter de unanimidade; não são poucos os que o veem como um avatar da mediocridade ou, pior, como um instrumento de degradação dos ideais mais nobres de uma elite esclarecida. É o caso, por exemplo, do mestre do drama e da poesia alemã Goethe ao afirmar que "nada é mais opressivo do que a maioria: é que ela é composta de um pequeno número de chefetes enérgicos, de patifes que se acomodam, de fracos que se assimilam e da massa que lá vai nem bem nem mal, sem saber de modo algum aquilo que quer". Talvez os 50 anos durante os quais se dedicou a escrever sua obra-prima,

Fausto, tenham afastado Goethe dos eflúvios de liberdade que emanavam da França na mesma época ou, entenderia ele, não vendeu sua alma ao mefistófeles popular.

A preocupação com as decisões imperativas da maioria encontraram eco na própria França, fonte moderna do ideal democrático: o romancista católico francês Paul Bourget nos legou no início do século 20 a ideia de que "o sufrágio universal é a mais monstruosa e a mais iníqua das tiranias – porque a força do número é a mais brutal das forças, não tendo mesmo a seu favor a audácia e o talento". Bourget não estava sozinho; na mesma época, no outro lado do Atlântico, o fundador da indústria automobilística Henry Ford dizia: "a democracia de que sou partidário é aquela que dá a todos as mesmas probabilidades de êxito, segundo a sua capacidade. Aquela que repudio é a que pretende confiar ao número aquilo que pertence ao mérito".

É o temor do "perigo das massas ignaras"? Ou, como tem sido usual no pensamento das elites brasileiras, "democracia é um bem, dependendo das circunstâncias"?

Ora, a democracia não é um fim em si mesma; é uma poderosa e indispensável ferramenta para a construção contínua da cidadania, da justiça social e da liberdade compartilhada. Ela é a garantia do princípio da igualdade irrestrita entre todas e todos – até para quem dela discorda. Isso tudo torna cada vez mais verdadeira a frase atribuída a Winston Churchill: "a democracia é a pior forma de governo, exceto todas as outras que têm sido tentadas de tempos em tempos".

A morte, uma evidência recusada

Jacques Bossuet, o prelado e historiador francês do século 17, ficou famoso por suas orações fúnebres; em uma delas enunciou uma intrigante constatação do óbvio: "Nos funerais só se ouvem palavras de surpresa por aquele mortal estar morto".

Aquele mortal estar morto! Qual a fonte da surpresa? Não é a morte inexorável e sua chegada apenas uma questão de tempos e circunstâncias? Não estaria certo Fernando Pessoa ao sugerir que o humano é somente um cadáver adiado, mais do que o bípede implume platônico ou o animal racional aristotélico? Teria Pessoa se inspirado no provérbio inglês que diz ser a morte uma sombra que sempre acompanha o corpo?

O filósofo romano Sêneca, contemporâneo do nascimento do cristianismo, afirmou, em uma de suas Cartas a Lucílio, que "a hora final, quando cessamos de existir, não nos traz a morte; ela simplesmente completa o processo de morrer. Nós alcançamos a morte naquele momento, mas já estávamos há muito tempo no caminho". Ora, se assim é, por que nossa recusa em aceitá-la?

Todos os seres vivos morrem; no entanto, é provável que o humano seja o único que sabe que vai morrer. Mesmo assim, a rejeição a esse fato natural é exuberante. As crianças, antes de serem por nós adulteradas, têm por hábito mencionar a morte dizendo: "quando eu morrer...", "quando você morrer..." etc. São corrigidas rapidamente pelos adultos, de modo a substituírem o advérbio de tempo por uma conjunção condicional: "se eu morrer", "se você morrer", como se a alteração morfológica mudasse a substantividade do fenômeno e afastasse a ocorrência.

É claro que também se dá à morte um caráter positivo; é possível racionalizá-la supondo que a imortalidade seria insuportável, que morrer é descansar ou partir para uma situação melhor. Simone de Beauvoir, por exemplo, discute o dilema existencial em seu romance *Os mandarins* e nele escreve que "a morte parece-nos menos terrível quando estamos cansados". O mesmo faz o poeta Arthur Rimbaud quando, nos seus deliciosos delírios pré-simbolistas, exclama: "Ó morte misteriosa, ó irmã de caridade!" É a "boa morte" (eutanásia) como desejo frequente.

Entretanto, a morte apavora a muitos (a todos?). Para alguns, temor do desconhecido; para outros, rejeição à provisoriedade. O tremendo esforço das religiões para dar à morte uma lógica e a busca por integrá-la em um sentido mais unitário é acompanhado de perto pelas ciências em seu trabalho cotidiano de procurar retardá-la; o mesmo ocorre nas artes, com suas expressões catárticas, quando intentam circunscrever a mortalidade nos parâmetros da imortalidade estética.

Talvez valesse a pena nos apegarmos aos ensinamentos de Epicuro que, já no século 3 a.C., entendia não ter o humano nenhuma relação com a morte. O ateniense, pregando a calma felicidade, disse não temer a morte porque nunca iria encontrá-la, pois "enquanto sou a morte não é; e desde que ela seja, não sou mais". Consolo pueril ou convicção racional? Não importa; ajuda a exorcizar o terrível mistério.

De qualquer forma, é sempre bom recordar a sapiência secular da mineira Dona Sinhá Azeredo:

quando afrontada pelos filhos e netos que, de brincadeira, ironizavam sua idade avançada (com os males e esquisitices senis decorrentes), retrucava, de modo triunfal: "Deixa estar; caminheiros somos, caminhando vamos..."

A verdade, uma conquista inevitável?

Apesar de estarmos principiando o século 21, o "inconsciente coletivo" do mundo ocidental parece estar ainda marcado pelo cientificismo preconceituoso do século passado e retrasado. A literatura popular, o cinema, a mídia, os livros didáticos, continuam reforçando a *obsessão evolucionista* que se apoia em pelo menos três tipos de *preconceitos*: a) o *Passado* é sinônimo de *atraso* e ignorância inocente; b) a *verdade* é uma *conquista inevitável* da racionalidade progressiva; c) a *Ciência* é instrumento de *redenção* da humanidade *em geral*.

Willian de Baskerville, personagem central da magnífica obra de Umberto Eco *O nome da rosa*, diz que "talvez a tarefa de quem ama os homens seja fazer rir da verdade, fazer rir a verdade, porque a única verdade é aprendermos a nos libertar da paixão insana pela verdade". O monge diz isso na noite do sétimo dia, ao contemplar a abadia em chamas e, na mesma sequência, alerta seu discípulo Adso: "Teme os profetas e os que estão dispostos a morrer pela verdade, pois de hábito levam à morte muitíssimos consigo, frequentemente antes de si, às vezes em seu lugar".

Esse tipo de mentalidade dominante criticada por Eco não abre espaço para a relatividade histórica e nem para a compreensão das condições de produção do conhecimento; mais ainda, deixa entrever a *fatalidade* dos destinos coletivos serem conduzidos apenas e unicamente por aqueles homens que partilhem do acesso exclusivo ao mundo do saber.

A maioria de nossa população está estigmatizada – involuntariamente – por uma compreensão do real como um produto acabado, finito; também a compreensão do produto científico (da teoria, principalmente) fica reclusa dentro de um determinismo histórico bastante fixista ou – quando muito – de "inspirações individuais" dos cientistas e pensadores famosos. Por não vislumbrarem o aspecto processual do passado, muitos não conseguem perceber a continuidade disso e, consequentemente, a ideia de transformação da realidade ou de elaboração de conhecimentos adquire um sentido quase mágico ou transcendental.

É por isso que, já em 1933, W.E.B. Du Bois, um líder norte-americano na luta pelos direitos civis, afirmava que "há certos livros no mundo que todo aquele que procura a verdade deve conhecer: a *Bíblia*, a *Crítica da razão pura*, a *Origem das espécies*, e *O capital* de K. Marx".

Religião, Filosofia, Ciências Naturais e Economia Política são fontes múltiplas e interdisciplinares indicadas por Du Bois para a construção da verdade. No capítulo 6 d'*O sinal dos quatro*, Sherlock Holmes, a criação de Conan Doyle que inspirou o Willian de Umberto Eco, diz que "quando você eliminou o impossível, tudo o que restar, por mais que improvável, deve ser a verdade".

Para os que sofrem de síndrome persecutória e se consideram proprietários da verdade não podemos esquecer do alerta de Oscar Wilde: "uma coisa não é forçosamente verdadeira só porque um homem morreu por ela". É o mesmo que pensa o paleontologista Stephen Jay Gould; no seu *Darwin e os grandes enigmas da vida* enuncia ironicamente: "acontece que um homem não atinge a condição de Galileu simplesmente por ter sido perseguido; ele também precisa estar certo".

No entanto, para além da vã filosofia, vale o pensamento de Arthur Koestler: "A distinção entre o verdadeiro e o falso aplica-se às ideias, não aos sentimentos. Um sentimento pode ser superficial, mas não mentiroso".

Os que chegam com a noite...

Odor persistente de guerra nos ares; a putrefação moral anuncia sua inclemente e repugnante consequência e a náusea das consciências e corpos ainda se espalha pelas narinas tão fatigadas. O humano, mais uma vez, afronta o humano, demonstra repulsa pelo outro, estilhaça a confiança no convívio fraterno, tripudia sobre a ideia de humanidade e, pior ainda, profana a Vida, degenerando a esperança e, em nome da paz, aceita a sempre desprezível consagração das atrocidades.

A paz dos cemitérios! Por ironia, do ponto de vista etimológico, cemitério deriva do grego *koimeterion*, isto é, lugar onde se deita para dormir, pois com a noite vem, além do sono, também o pesadelo e, para muitos, a morte.

Ora, acredita-se que o poeta Hesíodo tenha escrito no século 7 a.C. *Teogonia*, um estudo sobre a genealogia dos deuses. Nessa imprescindível obra, ele registra a origem de Nix (a Noite), filha de Caos, e que, tal como contemporâneas e sofisticadas ferramentas homicidas, o tempo todo atravessa o céu, sob um lúgubre manto e usando um veículo veloz, acompanhada das Queres, suas filhas (cujo nome significa destruir, devastar, arruinar). No entanto, Nix não gerou somente as Queres; dela vieram por partenogênese (reprodução sem fecundação externa, virginalmente) duas outras importantes personificações divinizadas: Hipnos (o Sono) e seu irmão gêmeo Tânatos (a Morte), duas faces da mesma realidade.

Hipnos, bondoso na sua capacidade de nos fazer repousar, é perigoso quando distrai, desvia a atenção e, especialmente, quando dissipa a consciência e facilita a inadvertência. Não são poucas as pessoas que fingem dormitar, ou aguardam cochilantes, na expectativa de que tudo passe logo e se possa voltar à mediocridade egocêntrica. Tânatos – nome oriundo de raiz indo-europeia que significa ocultar, escurecer ou "atirar na sombra" – pode remeter de igual forma à ideia de descanso, quietude ou remanso;

porém, a força tanática prioritária é a dissipação, a extinção, a cessação.

Cautela com os que chegam com a Noite. Há um poema de Cecília Meirelles – cuja última estrofe serviu como título de um livro com nove admiráveis e angustiantes contos de Lygia Fagundes Telles – que talvez represente hoje um pouco da penumbra que nos invade: "Ninguém abra a sua porta / pra ver o que aconteceu: / saímos de braço dado / a noite escura e mais eu".

Não tem importância. Os fratricidas de qualquer espécie não triunfarão perpetuamente e o ônus da morte perturbará o sono dos que não merecem "dormir em paz". Não é por acaso o título da marcante música *Pesadelo* de Maurício Tapajós e Paulo César Pinheiro, cujo trecho inspira: "Quando um muro separa, uma ponte une / Se a vingança encara, o remorso pune / Você vem, me agarra, alguém vem, me solta / Você vai na marra, ela um dia volta / E se a força é tua, ela um dia é nossa /Olha o muro, olha a ponte / Olha o dia de ontem chegando / Que medo você tem de nós... olha aí... / Você corta um verso, eu escrevo outro / Você me prende vivo, eu escapo morto / De repente... olha eu de novo".

Ainda bem que Nix (a Noite) deu origem também a Filotes (a Ternura) e Oniro (o Sonho). Para os adversários dos exterminadores do futuro, no princípio era o verso... Renunciar ao apodrecimento das mentes e derrotar a negligência ética é sonho vital para afastar o colapso dos fundamentos da existência coletiva.

Arreda, fratricídio! Você corta um verso? Eu escrevo outro... Você me prende vivo? Eu escapo morto... De repente... olha eu de novo.

CULTURAL

Administração
Antropologia
Biografias
Comunicação
Dinâmicas e Jogos
Ecologia e Meio Ambiente
Educação e Pedagogia
Filosofia
História
Letras e Literatura
Obras de referência
Política
Psicologia
Saúde e Nutrição
Serviço Social e Trabalho
Sociologia

CATEQUÉTICO PASTORAL

Catequese
Geral
Crisma
Primeira Eucaristia

Pastoral
Geral
Sacramental
Familiar
Social
Ensino Religioso Escolar

TEOLÓGICO ESPIRITUAL

Biografias
Devocionários
Espiritualidade e Mística
Espiritualidade Mariana
Franciscanismo
Autoconhecimento
Liturgia
Obras de referência
Sagrada Escritura e Livros Apócrifos

Teologia
Bíblica
Histórica
Prática
Sistemática

VOZES NOBILIS

Uma linha editorial especial, com importantes autores, alto valor agregado e qualidade superior.

REVISTAS

Concilium
Estudos Bíblicos
Grande Sinal
REB (Revista Eclesiástica Brasileira)
SEDOC (Serviço de Documentação)

VOZES DE BOLSO

Obras clássicas de Ciências Humanas em formato de bolso.

PRODUTOS SAZONAIS

Folhinha do Sagrado Coração de Jesus
Calendário de mesa do Sagrado Coração de Jesus
Agenda do Sagrado Coração de Jesus
Almanaque Santo Antônio
Agendinha
Diário Vozes
Meditações para o dia a dia
Encontro diário com Deus
Guia Litúrgico

CADASTRE-SE
www.vozes.com.br

EDITORA VOZES LTDA.
Rua Frei Luís, 100 – Centro – Cep 25689-900 – Petrópolis, RJ
Tel.: (24) 2233-9000 – Fax: (24) 2231-4676 – E-mail: vendas@vozes.com.br

UNIDADES NO BRASIL: Belo Horizonte, MG – Brasília, DF – Campinas, SP – Cuiabá, MT
Curitiba, PR – Fortaleza, CE – Goiânia, GO – Juiz de Fora, MG
Manaus, AM – Petrópolis, RJ – Porto Alegre, RS – Recife, PE – Rio de Janeiro, RJ
Salvador, BA – São Paulo, SP